U0061393

吞聲忍語

日治時期香港人的集體回憶

劉智鵬　周家建　著

中華書局

目　錄

戰後軍票不再流通，父親便開始每晚數軍票……接着父親便因為看不開而病死了，他臨終囑咐我們要向日本人追回這些錢。

我們被打中了，12個人裏死了10個，只有我和另一個同胞幸存，但都受了傷。我被炮火打得暈頭轉向，背上流了很多血……

我們在深水埗的家被人搶掠一空，連飯鍋和香爐也被搶去……搶東西的人都是一些搗亂分子，他們知道日軍會來侵略，於是乘機搗亂。

當日天氣很好，突然有飛機飛過長洲上空，我們一抬頭已經看見一枚炸彈從天而降，附近海面即時水花四濺，血肉橫飛……

我們在石塘咀的家因為鄰近英軍炮台，所以在日軍侵港後的一兩天，已被炮火波及而燒毀。

我們店舖附近被炸彈炸中，雖然炸彈並沒有炸毀我們的店舖，但爆炸的震盪使我們的店舖倒塌下來……

日本人搬走了我們的白鐵後承諾分三期付款給我們，記得日治政府只支付了第一期的貨款，後兩期的錢還未支付日本已經投降……

有一日，有日本憲兵來搜查醫院，所有人都很緊張。一隊一隊的憲兵拿着槍四處搜查……

口述歷史與香港的日治時代
——代序

劉潤和

本書主要以口述歷史的形式來重現日治時代香港人的生活面貌，因此這篇代序要討論兩個問題，一是簡單勾畫日治時代香港的社會及經濟面貌，讓讀者讀正文之前，先留下一點概括的印象；二是談談口述歷史的意義及其獨特之處。

日治時期香港的社會和經濟面貌

香港於 1941 年 12 月 25 日淪陷，此後不久，日軍決定設立香港佔領地區總督部，政務由陸軍大臣直轄，但基於特別建制理由，在防衛、兵站、交通及政務等方面又必須接受中國派遣軍總司令官的指導，這就形成了香港三年零八個月的管治體制的模式。香港佔領地區總督部於1942年2月20日正午12時正式建成，內設總督一名，下設參謀部（管轄香港防衛隊及香港憲兵隊）、民治部（管轄文教、商業、衛生及庶務課，另外，區政所事務亦由此部負責）、財政部（管轄金融及稅務課）、交通部（管轄海事、陸運、土木及下水課）、經濟部（管轄產業及軍事費課）、報道部、管理部及外事部；還有華民代表會（中國人社會代表）及華民各界協議會（中國人社會功能代表）。第一任總督是磯谷廉介，到1944年12月免職。第二任總督是田中久一，他原是第23軍司令，只是遙領總督一職，1945年1月為了履任，他曾到過香港三天，之後一直坐鎮廣州，再沒有到過香港。

這個管治體制最有特色的地方，是把全港劃為28個區役所（類似今天的區議會），以便管治及自治，其中港島分為12區，分別為中區（中環）、西區（上環）、水城區（西營盤）、藏前區（由西營盤末段至石塘咀）、山王區（西環）、東區（灣仔）、春日區（鵝頸）、青葉區（跑馬地）、銅鑼灣區（銅鑼灣）、筲基灣區（筲箕灣）、元港區（香港仔）和赤柱區（赤柱）。九龍分為9區，分別為鹿島區（九龍塘）、元區（九龍城）、香取區（油麻地）、湊區（尖沙咀）、大角區（旺角）、青山區（深水埗）、山下區（紅磡）、啟德區（東九龍）和荃灣區（荃灣）。新界則分為7區，分別為大埔區（大埔）、元朗區（元朗）、沙田區（沙田）、沙頭區（沙頭角）、新田區（新田）、西貢區（西貢）和上水區（上水）。各個區役所分別由香港地區事務所、九龍地區事務所及新界地區事務所管轄，各區事務所的工作，類似戰後的人民入境事務處、人事登記處、市政總署與民政署所提供的綜合服務。

日治政府有兩個政策是始終執行的，一個是控制人口政策，另一個是計口授糧政策（即配給日用必須品）。這兩個政策的目的都是監控戶籍，限制市民的自由。為了達到目的，日治政府軟硬兼施，驅趕市民離開香港，希望把人口壓縮至60萬人左右，一方面為了易於管治，另一方面也可節省米糧。

香港在日軍入侵之前，人口大約是160萬。英軍投降時，有能力的人已即時逃離香港，後在日軍威逼利誘下，佔領初期又有不少人陸續離港，但日軍仍嫌不夠。根據1942年9月的人口調查數字顯示，當時全港人口是1,022,773人，說明在短短9個月內，香港已跑掉50多萬人，也即是說，每個月平均有5萬多人出逃，場面可想而知。

由於人口下降的數字並不理想，日軍於是想方設法，把出境手續儘量簡化，希望港人離開，只要願意走，一切好辦。到1943年3月，據統計數字顯示，香港華人仍有967,868人。具諷刺意味的是，60萬的數字終於在1945年8月左右達到了，但日軍也於同年宣佈投降，以後也不用操心人口政策的問題了。

在三年零八個月中，香港人口由160萬減少了90至100萬人，平均每月減少超過2萬多人，但這只是一個平均數。其實在日治的第一年內已有50萬人逃亡，這些人大部分是回鄉避難的。剩下來的40多萬人都是在餘下的兩年零八個月中"消失"的，其中相信只有小部分是歸鄉客，因為要跑的早就跑了，跑不了的自然是無鄉可回。可見這40萬人中很可能大部分是被迫害至死、餓死，或是在戰爭期間失蹤的人。

　　1941年12月25日英軍剛投降，香港的回鄉逃亡潮便隨即展開。根據有關紀錄，由淪陷至1942年2月初，即兩個多月內，回鄉難民超過46萬人。市民長途跋涉，分4條路線離開香港：1) 由九龍經深圳，翻山越嶺而逃；2) 僱船前往澳門，從水路或陸路再轉往內地；3) 從油麻地碼頭坐船前往廣州；4) 僱船從水路由香港經現在的湛江市前往桂林。

　　市民回鄉其實是正中日軍的下懷，所以日軍立時發起"歸鄉生產運動"，並成立了一個"歸鄉指導事務所"指導和幫助市民歸鄉。到1945年初，為了鼓勵更多人離開香港，以解糧荒之窘境，日軍進一步簡化離港手續。如預算五日後歸鄉，可即日向區役所領取"離港申告濟"，並呈交"退去屆"，第二天便可攜同申告濟、住民證、注射及種痘紙、兩張個人照片、車船費等，向地區事務所呈遞，由駐各地區事務所的南支海運社代辦所需船票及火車票等。隔一兩日後，地區事務所會在該所門前公佈歸鄉人的姓名及離港日期。當時的火車可直通廣州，而機動帆船則直達市橋。火車及輪船票價每張300元，機動帆船的票價每張600元。當時的普通市民每月的薪金不過150元，離港回鄉的費用可算是十分昂貴。

　　愈接近日軍投降之日，歸鄉手續愈加簡單，三兩天便可辦妥一切手續。市民可向地區事務所申請離港證明書，即使沒有住民證的市民亦可申請離港，所需時間只三數小時。領取離港證明書後，便須確定乘坐歸鄉火車的日期，然後於火車開行前兩小時到站辦理離境手續便可。方便之門大開，用意無非只有一個，就是減少食米的消耗量。

談到當時香港市民的生活狀況，首先要談物價情況。英日兩軍剛開火之時，高級餐廳的西餐如香港酒店及Wisemen的常餐（包括一湯、一菜及飲品）價格是港幣一元五角，其他等級的西餐是七角；芝士四分之一磅是三角二分；雜色糖果半磅是九角；麵包每磅是一元三角（開戰前只售七八分錢）；中文報紙每份二角（開戰前售一角），英文報紙每份三角（同樣比開戰前貴了一倍）。

英軍投降之後，日治政府成立之前，米約一元一斤、芹菜三角一斤、菠菜八角一斤、豬肉肉眼部分三元一斤、石斑魚九角一斤、白薯七角一斤、麵粉一元八角七仙半一斤、兩磅半裝的奶粉每罐十八元、咖啡二角一杯、西餅一角五仙一件，而一元可買木柴20斤（根據薩空了《香港淪陷日記》有關資料；並參看本書附錄一及二）。日軍後來規定港元及日本軍票的換算率是二兌一，稍後更調整至四兌一，即二或四港元才能換一元軍票。

日軍侵港之前，香港的經濟基本上是以自由市場為基礎，市場日用品很少配給，而且也很少限制購入的數量。但日本人入侵之後，情況頓時改變。當時包括米、柴、油、鹽、糖和火柴等六樣主要日用品都需要配給，其中柴的配給是公價，一元可買約25斤的柴，但1942年4月市面恢復供應煤氣之後，已停止柴的配給。至於生油，原本由1942年8月開始每人每月可配到12兩，可是到了 1943 年年中已經停止配給。

米的供應方面，日軍配米以軍票三角七仙半一斤，每人每天可配六兩四錢的米，價錢算是便宜的了。食米的配給，令社會出現了一個怪現象：由於公價米是三角七仙半一斤，但黑市米價卻一直高居兩元多以上，故此當時很多市民一家四五口會把每天配到的二斤公價米，少吃五六兩，然後拿到黑市賣掉，換回來的軍票已可買到一斤半的公價米，等於是免費配米。

糖與火柴的供應，情況與食米有相似之處。當時市民每人每月配糖半斤，包括白砂糖和赤砂糖各四兩。白砂糖公價是七角一斤，赤砂糖是六角一斤，但白砂糖的黑市價為五元多一斤，赤砂糖也要四元多一斤。當時有不少市民寧願不吃糖，把配糖全部賣掉，若以白、赤砂糖混合每斤不少於四元計，再以一家八口的配糖計算，每月收入便可增加十多二十元。

火柴的配給是一角一盒，但黑市價卻最低三角一盒，日治政府規定一至五人的家庭配給五盒火柴，六至十人的家庭配給十盒，市民只要拿一半的配給到黑市出售，等於火柴又是免費供給。

鹽的配給是每人每月半斤，公價是二角四仙一斤，但由於配給的鹽粒很大，又不潔白，加上鹽的需求不大，故公價與黑市價相約，所以領購的人不多，鹽亦是市民不把配給品圖利的唯一例外。

不過，無論社會現象如何奇特，總不能抹去生活艱苦的事實，當時私下販賣配給品是犯法的，在命如草芥的年代，如果不是形勢所逼，一般市民是不會鋌而走險的。

米糧一直是日治政府無法解決的難題，1944年4月15日，由於生活環境太惡劣，除少部分與軍政工作直接有關的市民可獲配米外，政府取消了公價配米的制度，香港市民頓時陷入絕境。即使到1945年香港人口只有60萬，以每人六両四計算，每月所需的白米也要700多萬斤，如何籌措這個數量的食米，令港人費煞思量。

據當時非正式的統計，在50個港人當中，能維持每日兩餐飽飯的，僅2人；能維持兩餐米飯而未能吃飽的，僅6人；能維持兩餐吃粥或稀飯的，有14人；兩餐吃粥的有18人；一餐粥一餐雜糧的有6人，而每日僅吃一餐粥的有4人。

1945年初，由於收成不好，米糧入口更加困難，負責經辦全港米糧入口的"興發營團"，為了解決米荒，推出救濟平米賣給市民，但每斤食米竟售90元，可說是米價的最高峰。由於米價高企，市民被逼改吃雜糧，以木薯粉、西提粉之類與麥米粉等攪和，煎成糕餅，以為糊口。其實到了1944年的下半年，香港的物價全部飛升，市民為了交租、水電費及維持每日兩餐的開支，起碼要月賺軍票300元才能達致收支平衡。與1942年相比，同樣的生活水平當時只需50至70元，可見物價在兩年間上升了六倍之多。

淪陷初期香港的物價其實已開始上漲，如食米每斤14元、豬肉每斤65元、牛肉每斤49元、雞肉每斤70元、花生油每斤55元及木柴每斤一元。到1944年底，米價高漲到驚人程度，所以連救濟米也要賣90元一斤。而花生油更飆升至128元一斤，生活艱苦到了極點。

由於離港回鄉的人數眾多，因此居住的問題不算嚴重，不過卻出現了一些奇怪的現象。當時的租客乘戰亂時大部分工商業活動停頓而不交租金予業主，在軍政統治之下，民事法庭不復存在，業主連追討欠租的法律途徑也沒有，在無計可施的情況下，業主唯有僱人看守物業，這可算是業主最倒霉的年代。

至於衣着，亂世也無法講究，但卻催生了賣故衣這個行業。香港的故衣業在日治之前是沒有規模的，但日佔之後，因生活所逼，市民為了換取糧食活命而典賣衣服，直接令故衣業繁盛起來。故衣擺賣的地點，本來集中在香港的灣仔及東區，以及九龍的長沙灣道和油麻地上海街一帶。後來由於空襲的緣故，1945年的六七月間，大部分故衣攤販已遷移到中區，擺賣地點主要在荷李活道及皇后大道西一帶。

從事故衣生意的人分擺賣及炒賣兩種，擺賣故衣的是一般受生活壓逼的平民大眾，為兩餐口糧把家中值錢的衣服拿到街上擺賣，善價而沽。炒賣故衣的卻不同，他們手握資本，開設故衣攤是志在搜購故衣，然後把故衣行銷至內地，生意十分暢旺。當時故衣炒賣是一門十分賺錢的生意，即使是一套普通的衣服，一買一賣也能賺取豐厚的利潤。反觀一般市民大眾，賣故衣只為生活所需，故此每遇糧價上漲，故衣就大量湧進市場，後來更形成供過於求的情況。

下面談談"行"的問題。自從日軍侵佔香港以後，為了節省能源，便限制汽車的行駛，故此公共交通事業大受打擊，巴士、電車等被逼停駛。為了迎合市民的需求，市面便出現了一些乘時而起的交通工具，主要是馬車、三輪車、載客單車、四輪木頭手推車和人力車等。

馬車是當時唯一非人力推動的交通工具。巴士停駛前，馬車已為市民提供服務，巴士停駛後促使馬車更加活躍。三輪車在戰前本來是商戶用來運貨的，戰時則成了重要的交通工具。三輪車每次可載客四人，不過常發生車翻人仰的意外，據說在呈直角的地方轉彎，翻車幾乎是必然的事。單車載客在戰前是犯法的，當時單車只許載貨不許載人，但此時也不能計較了。由於單車來去快捷又舒適，故此最受平民大眾歡迎。

四輪木製手推車是日治時期才出現的"交通工具"，原是用作運貨的，但因為交通工具非常短缺，當時也變成客用交通工具。人力車全盛時期有 4,000 輛，到 1931 年年初全港尚餘 2,000 輛。日軍侵港前夕，由於其他交通事業發達，人力車業務大受衝擊，數目已降至 1,000 之數。日佔之後，人力車的生意幾起幾落，最初因為交通停頓，業務甚佳。可惜巴士及電車服務恢復以後，生意便一落千丈。其後，為了節省能源，巴士及電車再次停駛，人力車重新活躍起來。到 1945 年 6 月左右，香港恢復電力供應，人力車再一次受到衝擊。香港重光之前，港島僅餘五百多輛人力車，九龍則剩下百餘輛而已。

以上是從衣、食、住、行四方面簡述日治時期香港的社會生活面貌，現在再看看當時的經濟狀況。

　　經濟方面，日本統治香港的政策基本上是採取掠奪壓搾的手腕。他們佔領香港之後，把所有有用的物資都運回日本，當中包括西式坐廁、浴缸，甚至門鎖及鋼鐵碎片等等。據估計，日軍在香港至少攫取了250萬噸貨物運回日本，時值約二億五千萬美元。

　　日軍由佔領香港之日開始便大量拋出"軍用手票"，簡稱軍票，並規定以兩元港幣換一元軍票的兌換率。到1942年10月，更把兌換率改為四兌一，即四元港幣換一元軍票，在短短10個多月內，港幣貶值兩次，貶值幅度為四倍。

　　發行軍票是日軍經濟掠奪、壓搾香港的一種手段，他們於侵佔地強行以軍票購買物資，逼令商人使用。這種紙幣既無號碼，也無準備金；既無信用保證，亦無發行機構的名稱，所以無法估計它的發行總額。商人非常氣憤，稱這種混帳貨幣為"廁紙"。

　　日軍還有一招"逼簽紙幣"的手段，務要把港幣搾乾。他們逼迫香港上海滙豐銀行總經理及司庫簽發所有存倉的大額鈔票，然後利用澳門中立區的角色，拿着"逼簽紙幣"到澳門換取物資。這批紙幣總數約一億二千萬元。日治時期在澳門流通的港幣有兩種，一種是1941年12月25日之前發行的港幣，約佔澳門流通貨幣五至六成；至於"逼簽紙幣"，因為沒有外匯基金的保證，只佔澳門流通貨幣的二至三成。

　　在如此巧取豪奪的情況下，日治時期的香港是不可能有真正的工商業及金融等經濟活動的，即使有也只是一些扭曲了的活動而已，這些扭曲的經濟活動都是經過嚴格管控的。1943年12月25日，日治政府頒布各類工商業營運的新法則，並於1944年1月

1日實施。根據新法令，當時的工商業務可分為三類：第一類必須得到總督的批准；第二類必須得到憲兵隊長的許可；第三類則不須審批，商人只需填報申請，交所轄地區的事務所登記即可。

第一類工商業務包括銀行、保險、運輸、藥業、工廠、農業、傳媒、軍火及通訊器材等共12項；第二類包括娛樂場所、買賣或製造刀劍、飲食、妓寨、澡堂等行業；第三類是第一、二類項目以外的所有業務，這類業務不必申報，經營者只需自擇舖位，擇吉開張即可。

在日治政府採取經濟掠奪及壓搾手段的情況下，香港幾乎是百業停頓，商人掙扎求存。在這種特殊環境下，供求市場也出現了一些奇怪現象。以工業原料的供求為例，內地的戰事爆發前，沿海各地區之輕工業相當發達，原料大部分自外國入口，香港遂成為工業原料的轉口港。內地戰事爆發後，香港商人估計原料入口必受影響，市價必漲無疑，於是大量囤積，待價而沽，一時之間穫利甚豐。

到日軍侵佔香港以後，所有自外國入口的原料全部中斷，但當時香港的存貨量仍十分豐富。在貨源供應充足，但本地工業停頓及內地運輸不通的情況下，原料價格不升反降，甚至比開戰前還要低。因為存貨過多，加上無人問津，商人為求把原料脫手換取現金，不惜以平價出售。

日治政府成立以後，往來內地的交通逐漸恢復，工業原料需求增多，以前無人問津的原料，慢慢又變成搶手貨。由1942年至1944年兩年間，除涉及軍事用途的原料受到管制外，其他如硝

酸、硫酸、鹽酸等化學物品買賣均十分暢旺，而且價錢只上不
落，特別是適用於織染業的工業原料，如染料哥士的疏打等，更
是十分暢銷。其實當時香港的工業發展已大大衰退，對原料的需
求不大，生產規模只及以往的十分之一。但到了後來，入口貨源
已斷，貨源無法補充，才令原料市價不斷上升。

　　除了工業原料供應的奇怪現象外，還有一些因應當時環境衍
生的商業活動，其中上文談過的故衣買賣活動就是一例，另外還
要一提的是押當業。香港的押當業一向是為市民提供現金周轉的
行業，戰前港九共有約60多家，香港島多設在中上環一帶；而九
龍區的深水埗、油麻地及旺角等皆有。另外新界也有40多家押當
舖，全港的押當商戶總數約有100多家。

　　戰前的押當行規是顧客押當物件，每元納利息三分至六分，
即息率3%至6%。普通布料衣物納利息三分，呢絨衣服及金屬鑲
作則納利息六分，全都以八個月為押當期，如期滿不贖，則任由
發賣。期滿之後仍可續期，但必須先清還利息，再續之期仍然是
八個月。

　　日佔初期，押當業務一度停頓，但市民遭逢巨變，極需金錢
周轉，於是一些小型押當店乘勢而起。押當期以五天為限，利息
為20%，即押當物一元要納息二角，息高期短，一般貧民根本無
法贖回押當物，押當店於是將押當物如衣服之類賣出，連帶故衣
店也興旺起來。日治政府成立以後，正規的押當商亦籌備復業，
中環一帶首先成立質屋業組合（即押當業組合），參加的押當店
約20多家，規定押當期為三個月，利息首月為10%，第二、三個

月為 5%。由於利息比較輕，押期又較長，一般平民遂轉往光顧這些正規的押當店。小型及不規範的押當店生意大受影響，也被逼延長押當期至一個月，利息則改為五元以上利息為10%，五元以下利息為 20%，以尋找自己的生存空間。

據當時的業界估計，日軍侵港初期，一般小型押當店的營運資金只需一萬數千元，但利潤卻超過一倍。到大型押當店重開之後，小型押當店生意雖受影響，但每月盈利仍有數千元，業務總算穩定。大型押當店雖然息低期長，但與戰前比較，利息與押期仍相差甚遠，故生意仍大有可為。

到1945年，押當業的押期及息率略有改變。押期由三個月縮短至一個月，其後又再縮短至半個月。利息亦由一個月取息10%，改為半個月取息10%，市民又重回日治初期息高期短的困局。但奈何糧價高企，在救濟米也要90元一斤的情況下，市民為求一飽，典當物件幾乎是自救的唯一辦法，因此造就了當時押當業興盛的現象。

另一個出現畸形現象的行業是傢私業。當時的傢私，新舊中西均有，中式傢私以酸枝為主，西式傢私則以柚木為主。售賣傢私的舖戶，中西傢私嚴分界限，售酸枝的不兼營柚木傢私，反之亦然。至於經營地點，在港島賣二手貨的多在荷李活道近文武廟一帶，而售賣全新傢私的則多集中在摩羅下街、擺花街及灣仔的莊士頓道。九龍方面的店舖大部分集中在彌敦道，特別是昔日的平安戲院附近。

日佔之後，傢私買賣出現兩個現象，1）歸鄉市民日多，為了輕身上路，方便舟車上落，家中的傢私，一律變賣，幫補旅費；2)由於柴價日高，市民大多把傢私當作燃料。商人見有利可圖，便大量收購及囤積傢私，完好的略作修補，然後善價而沽；損壞的就破之以為木柴，也可圖利。

當時傢私的銷路，一是內銷自用，一是運往廣東省及澳門等地出售，而且生意不錯。價錢方面，1945年初，普通一套酸枝檯椅價錢在三至四千元以上，而西式全套廳房傢私，價錢更在四五萬元左右，價錢並不便宜。這反映了當時傢私業務的情況，也反映了日治時期一些特殊的現象：既有市民在饑餓邊緣垂死掙扎，也有市民可負擔數萬元的傢私買賣。

最後還要一談的是一個可喜的經濟現象，這現象充分顯示出香港商人靈活應變的商業智慧。當時有部分廣州及香港的商人，從爛棉被及爛襪中找到商機，發展出"翻抄工業"。他們專收購爛襪及爛棉被，之後把爛襪的布料逐條撕開成線，再把線打成線球，製成各種線織物品。至於爛棉被，拆去的紗線及棉花，經加工變成藥棉及翻織毛巾。翻製藥棉是先把拆下的紗線漂白、曬乾，再用機器消毒，最後製成藥綿。翻織毛巾製品則先把棉花漂白，然後用木製紡織機紡製成棉紗，再以一磅為單位賣出。這種廢物利用的產品，是商人求變營生的表現，也是亂世中十分可貴的現象。

口述歷史的意義及其獨特之處

有關香港日治時期的史料十分缺乏，涉及當時民生、經濟、田土、政務等內容的歷史檔案，大部分相信已被日軍燒毀，現時只剩下小部分田土檔案，如家屋登記處的檔案，和一些公司註冊法庭的材料仍存放在歷史檔案館內。如此薄弱的基礎，若要深入研究日治時期社會及民生的種種現象，會感到一籌莫展。藉着口述歷史的模式來收集資料，無疑是一個重要途徑。甚麼是口述歷史？它的作用和意義又在哪裏呢？

簡單地說，口述歷史是以錄音或錄影的形式，向選定的人物訪問得來的成果。它的出現擴大了歷史研究的範疇，把一般庶民的生活經驗注入歷史研究之內。若與正統文字史料相比，這種資料是全新的。

現存史料的觀點大都是正統及權威的，代表着當權政府的立場和意識，政府的歷史檔案就是一個典型的例子。有了口述歷史之後，下層的聲音也得以保存下來，並且提出了評審事物的新角度及新觀點，平衡並補充了正統和權威的說法。

自從口述歷史出現之後，歷史研究的重心便開始轉移。例如教育史家由研究教育成效及教育行政的問題，轉為探討小孩子和學生的種種學習經驗；戰史專家由研究司令、指揮人員轉為研究下層軍官和軍人，這些人的生活層面、心理因素和士氣等問題都成了研究的主題；社會學家不再專注於研究官僚和政客的社會形態，也開始研究下層民眾的問題；兒童史和婦女史的研究資料，藉着口述歷史的出現而不斷得到豐富，從而推動家庭史研究的快速發展。

口述歷史的訪問工作打破了學者與民眾、學術機構與現實社會的隔膜。對接受訪問的長者來説，一方面增加了他們與外界的接觸，另一方面也增進了訪問者與受訪者之間的友誼。更重要的是，長者因此獲得個人的尊嚴和自信心，為生活帶來了方向感。

最後，口述歷史的出現亦豐富了檔案館的館藏，民眾的生活紀錄成為館內的藏品，注入了新穎而積極的元素。

20世紀70年代，口述歷史著述沒有甚麼學術地位，也不被史家看重。因此當時的口述歷史學者，轉向圖書館及歷史檔案館的專業人員尋求支持。當時的口述史家（如Studs Terkel, *Hard Time: An Oral History of the Great Depression*）視自己取得的口述歷史資料不是歷史，而是記憶；又説他們尋求的不是事實而是事實背後的真理。

口述歷史工作可以總括為三個範疇：1）訪問技巧；2）訪問前預備工作的深淺；3)研究歷史方法的運用。訪問技巧是口述歷史學者的專長，只要準備充足，加上相關的參考資料，便沒有不能解決的難題。訪問前的預備工作，如詳細審核資料來源、提出文件憑證和小心衡量有關的證據等，問題也不大。

研究歷史的方法問題便有點複雜了。有人説口述歷史的受訪者代表性不足，在統計學上意義不大，但其實這是史學研究的問題，與統計無關。眾所周知，口述歷史中的受訪者是經過挑選的，意義不在統計，是在史家對歷史概念的看法，如何以這些口述歷史資料去引證這種看法，才是最重要的。

另一個批評是說口述歷史資料的原始性不及文字史料。這是一個錯誤的判斷。口述資料不是原始資料，但口述歷史的價值在於資料的準確性，不是它的原始性，這是史家最關心的問題。還有，口述訪錄最終的產品（謄本）到底是史料，還是個人的自傳紀錄？有人說是史料，有人說是個人的自傳紀錄。其實口述歷史著述既有口述部分，也有史料佐證的部分，沒有相關史料的佐證，口述歷史就失去了被驗證的機會，變成了隨口說說的個人回憶錄。更重要的是口述歷史訪談，是訪者與被訪者相互交流的結果，訪談的範圍由口述歷史學者控制，因為訪談的問題、選擇的訪談大綱都是他定的，最後對這些訪談的詮釋更是他個人的，故此不能抹煞其中的主觀性。

若從史學研究角度而言，口述歷史資料的採擷方法仍有很多值得討論之處。最基本的是訪談形式。怎樣才算是一個完整的口述歷史（form of a completed interview），當然不是它的謄本，也不是訪談的錄音帶或錄影帶（除了從機械技術層面而言），而是它的獨特形式，和訪者與受訪者之間的人際關係。

所以，訪談可以說成是"交談説故事"（conversational narrative)的形式。交談突顯了訪者與受訪者的關係，説故事指訪談以故事形式來説明有關的情況。基於這種獨特的形式，訪談不能説成是個人的自傳回憶，因為它不是個人的，而是訪者與受訪者互動的產物。任何口述歷史成果都應顧及這種訪者與受訪者之間的人際關係，也是整個口述歷史結構內不可或缺的部分。

這種人際關係可以分成三類。第一類是語言和符號在整個訪談中的地位，沒有了它，整個訪談根本不可能完成，因此它涉及訪談內容語言學、文法及文學意象運用等問題。這點對訪談者的事後詮釋有很大幫助。

第二是訪者與受訪者之間的"表演"關係。所謂表演，是指兩人在訪談過程中投入和互作反應的結果，如果要從"交談說故事"的形式分析口述訪談的話，我們必須從當事人的社會和心理關係中下工夫。愈能明瞭受訪者的社會關係，受訪者的故事就愈能變得立體。愈能了解受訪者的心理運作而加以適度的推動，訪問的內容就愈多姿多采。

第三是受訪者接受訪問時，他不單是對自己和訪問者說話，他還通過訪問者向群體說話，甚至向自己心目中的"歷史"說話。這點是十分抽象的，但也是最有趣和最能深入理解口述歷史內涵的關鍵。

在口述歷史訪談中，我們愈能把握以上的三種關係，訪談的成果就愈突出。

有人說口述歷史可以讓一些目不識丁的群眾和社群說出自己的心聲，留下他們的歷史，並且替他們的日常生活與文化保留一點紀錄。驟然聽來，似乎合理，但想深一層便發覺並不全對。群眾託交別人代寫的信件，不也是文字記錄，同樣起着"存檔"的作用嗎？而口述歷史之特點，必在於它的口述形式，即語言部分。說話有聲調的高低、音量的大小和節奏的快慢。這種口語形式往往含有一定的隱晦意義和社會的內涵。只要聲調、音量和節奏有分別，說話的含義就會改變。

口述資料經編輯後變成的謄本，必定與口語不同，因為編輯時需要運用標點符號，標點符號很難與原來口語的停頓和節奏互相一致。謄本內的文字也難以完全表達受訪者說話中的感情，這只能聆聽訪談內容才能感受得到。

在訪談中，說話速度的快慢可能代表不同的意義。有時語調放慢可以表示受訪者正在強調某些論點，也可以表示他對某些說話有點難以啟齒的感覺。語調加快一方面表示受訪者希望輕輕帶過一些話題，也可表示他對談論的題目十分熟悉，所以覺得應付自如，而這些內涵從直述文字中是無法表達出來的。由此可見，口述歷史最獨特之處就是以話語形式交代事件的經過。

口述歷史是一種敍事式的資料，如何把握與詮釋這種方式就成了一個重要問題。在訪談中，常會出現一些繁簡及話題改變的情況。例如受訪者有時以極簡短的幾句說話交待一段很復雜的事件，又或是以極長的篇幅談論一件瑣事。如何衡量這種變化並無準則。花時間討論瑣事，可以表示受訪者很重視這件事情，也可以表示他對某些事情有所隱瞞，藉此引開訪問者的注意力。無論如何，敍事繁簡與受訪者所欲表達的意思是有些關係的。

一般來說，口述歷史常涉及一些不為人知的事件，或是一些已為人知卻被忽略了的內情，記錄下來可以增加對草根階層的人物及事件的認識，也豐富了這方面的史料。

口述歷史與其他歷史研究最不同的地方是受訪者的主觀性。

口述史料給予我們的不單是人們做了些甚麼，還包括他們想做些甚麼，為甚麼這樣做，以及他們如何看待以前做過的一些事情等等。

受訪者這種主觀性表達了他們對歷史的看法，和他們與歷史之間的關係。所謂主觀，其實是受訪者所深信的歷史事實（historical facts），而真正發生過的事與深信的事實到底是兩回事，這點有必要弄清楚。兩者雖有不同，但並不表示受訪者在蓄意作假。

既然如此，應不應該相信口述歷史呢？口述歷史是可信的，但這種可信度不在於它與真正事實是否完全相符，而在於它的想像力、象徵意義和由此帶出的個人意念。即使受訪者的口述並不準確，甚至與事實不符，但他的心理狀況卻是真確的，因為他深信自己說的是實話，並無作假。這點與真確無誤的資料同樣重要，而資料是否確實則可以其他史料來證實。

口述歷史的記錄，必定在事件發生之後，因此記憶模糊是肯定的，但以文字記錄的史料又何嘗不是靠記憶來記載？有些史料的內容甚至並非作者親歷其境，而是靠採訪或打探得來。可是口述歷史的受訪者卻不同，他們一定是親歷其境的過來人。所以口述記憶雖有失準之處，卻由於是親身經歷，被訪者敘述時便多了一份親切感和投入感，這是平面文字資料記載所缺乏的。

最重要的是人們的回憶，並非只是一個收藏往事的倉庫，還具有創造的特質。就歷史學者而言，發掘和保存史料固然重要，但從口述歷史的回憶中，找出受訪者對歷史的看法和觀點，及觀察其中的微妙轉變，可能更吸引和更重要。

這種轉變顯示出受訪者如何整理個人的往事，如何把自己的經歷安排進歷史之中，再進而如何把這些往事在歷史中定位，這些對歷史學者而言，是非常有意義的。

口述歷史客觀不客觀？必須承認，並不客觀。所有歷史材料大都不客觀，但口述歷史卻有其獨特的不客觀性，因為它是人為的（artificial）、分歧的（variable）和片面的（partial）。

文字史料是一種靜態資料，引用這些史料的歷史學者只可以詮釋和選擇使用。相對而言，口述歷史是一種潛藏的材料，如果訪問者不主動搜尋，它是不會出現的，甚至可能永遠埋藏在人們的心底裏，不見天日。所以口述歷史很大程度上，是依靠訪問者通過提問、對話與個人關係把史料發掘出來。

由此必須承認每個訪談之中，都存在着二重的微妙關係，一方是細緻地研究受訪者的訪問者，另一方是也在研究訪問者的受訪者。口述歷史學者必須徹底了解這二重關係而加以利用，因為這裏並沒有中立，問題都是由訪問者主觀設定，內容圍繞着他希望了解的事情，所以無所謂中立、客觀。

正因為這種二重關係，每個訪問都可以說是未完成的。因為只要受訪者一息尚存，他就可能有更多話要說，因此，他提供的口述史料可以是無窮盡的。由於這種特性，口述史料的歷史研究，可說是未完成的，因為隨時都可以補充。

歷史學者的研究總有敘事的部分，以文字史料作敘述時，他只能以第三者身份引述。口述歷史則有所不同，歷史學者除了是第三者，也在與受訪者的互動中被扯了進去，成了其中一個角色，成為故事的一部分。正因如此，口述歷史改變了傳統歷史的撰述形式。

總而言之，口述歷史人言人殊，各有觀點和立場，沒有一個統一的主題。史學研究一般要求的全面性，在口述歷史中由不全面性所替代了。這裏的所謂不全面性，是指每個訪問都是未完成的，每個訪問的訪問者都因為與受訪者的互動而被扯入訪問的故事內，變成講述故事的一份子，失去了中立的身份。所以口述歷史是口語化的，對訪者與受訪者而言是主觀的、是人言人殊的，而且是無法保持中立身份的研究工作。

除了口述史料的獨特性和不全面性外，它的結構與真確性又如何評定呢？有關這點，可以分兩方面談：一方面是訪問中口述史料的可靠程度，二是受訪者述說的經歷有多可靠。

先談史料的可靠程度這一點。這裏涉及的問題是受訪者的回憶到底有多可靠？甚至可以問，是否有可靠的回憶？其實，回憶並非純粹打開個人的回憶倉庫，再把裏面所藏的釋放出來這麼簡單。因為任何事件的回憶，都是經過經驗的折射，和受個人的特定意識和立場刺激而來的，過程頗為複雜。

總的而言，口述歷史的撰述，是重構歷史的工作，如果要審定它的真確性是可能的，只要把它的內容與其他相關的史料對證一下便可以。

這些只可判定受訪者在訪問中述說的資料，那些沒有說和遺漏了或者是故意隱瞞的又如何？這涉及受訪者述說個人經歷的可靠性問題，即涉及個人深層意識的複雜問題。

受訪者如何述説自己的歷史，常常受當時的價值取向和立場所左右，亦影響他的口述歷史的價值。例如年輕人總比較激進，老來就變得穩健，如果在年老時接受訪問，敍述一些自己經歷過的衝突和火爆場面時，難免輕描淡寫，或是為自己開脱，甚至故意漏去。

對於這種情況，要判定其中的真確性便很難了，而且並無令人滿意的方法，因為這涉及個人的意向，很難判斷或左右。唯一可以做的是注意內容的一致性，看看有否前後矛盾的地方，再把他所説的情節，與其他相同的史料對應互證比較，看看有否失實的地方。

完成訪談之後，如何處理和利用這些資料，屬於口述歷史撰述的工作。最基本的工作就是用甚麼形式表述這些資料？關於這點，有兩個考慮因素：誰是作者或是編者？以甚麼媒介來發表這些資料？

以口述歷史的原創性而言，因為訪問是合作而成的，受訪者與訪問員，應是這些資料的作者和編者。如果是集體完成的，則所有參與者的名字都應列出，以確認全體的辛勞，就出版及著述規範而言，這是不能有任何疏漏的。

用甚麼媒介來發表呢？以現今的技術而言，可以是以單一文本或是以文本、聲音、圖象和影片混合製作成多種媒介來發表。單一文本多輔以圖片，並以書本的形式出版（本書就是一例）。如果混合製作的，則以光碟的形式最為普遍，有些甚至書本與光碟一同出版，而光碟則附於書本之內。

口述歷史對歷史研究的確帶來不少積極的元素，例如口述歷史的工作令歷史研究變得更個人化、更社會化和更民主化。歷史學者為此必須走出斗室，與外界接觸。不單如此，由於口述歷史涉及範圍非常廣闊，促成了不同學科的聯繫，例如歷史學、社會人類學、方言研究、文學和政治科學等等。更重要的是，口述歷史的工作打破了上下層的界限，為老師和學生、學者與民眾帶來了互相了解和融合的機會。

但它也帶來不能忽視的消極元素。第一是口述歷史令學者由純粹的史料使用者，變成史料撰述者和使用者的雙重身份，這是歷史研究的一項大忌。因為歷史學者總力求客觀研究，而口述歷史的主觀性則可能損害客觀的判斷。如何取得平衡，是口述歷史學者的一個重要課題。

第二是口述歷史資料是現代的產物，如果弄不清楚時間上的分野，偏差是很容易出現的。以個人於1995年訪問英軍部隊與日軍作戰時的歷史為例，這些史料是 1995 年的口述歷史，而不是 1941 年的歷史，是 1995 年有關作戰人員關於 1941 年的回憶。

第三是在口述歷史的訪問過程中，訪問者常常有意無意地要求受訪者解釋他們的行為，如問及受訪者為甚麼在日治時期離開香港就是一例。對一些很個人的事件和行為，一般人是不會解釋的，但這個問題是要受訪者解釋，把受訪者逼進歷史之中，要他為自己的行為解釋，為歷史留下註腳。如果訪問者不提高警覺的話，對日後撰寫口述歷史的工作就會有所影響。

第四是口述歷史是很個人化的工作，訪問者與受訪者一對一地交流他們的經歷，這種溝通方式很容易忽略其他的歷史元素，以為個人的元素至高無上，把國家制度和社會力量等的元素擺在一邊。如此一來可能會扭曲了歷史，或對理解歷史造成障礙。這種影響是在潛移默化中達致的，比起個人對歷史的誤解和偏見影響更大。

最後，口述歷史的蒐集工作可以令人全情投入，感到趣味益然，但切記不要過分投入。正如替約翰·甘迺迪圖書館做過口述歷史訪問的研究員說，在工作上訪問了甘迺迪家族的成員，朝夕與共，但並不會把自己變成甘家的一員，更不會讓自己成為上流社會的一份子。又如替福特基金做過口述歷史的研究員說，他訪問了大量的窮苦工人和低下層黑人，但這並不會把自己變成他們圈中的一份子。即使出於同情，工作人員也應與受訪者保持距離，否則就會喪失觀察力，失去平衡偏見的警覺性（Ronald J. Grele, *Envelopes of Sound*, 1991）。

本書訪問了17位日治時期在香港生活過的幸存者，每人背後都有一個故事，每個故事都是活生生的歷史見證，讀者可透過本書分享他們的經歷。這些經歷除了為日治時期香港人的生活留下一鱗半爪的回憶外，也為香港日治時期那段歷史增加一些鮮活的資料。

2009 年 5 月

前　言

　　1945年8月30日，夏慤海軍少將率領皇家太平洋艦隊徐徐駛
進維多利亞港，不但標誌着英國重新管治香港，亦表示三年零八
個月的日治時期到此畫上句號。本書着重展現這一時期香港市民
的生活狀況，作為歷史的一個補充。

　　研究日治時期香港人的生活，涉及的範圍非常廣泛，而且常
與其他研究課題緊密相連。由於受到戰火影響，反映日治時期市
民日常生活情況的文字資料散失不全，而單靠有限的官方文獻也
很難反映當時的真實情況。至於民間機構的檔案，例如東華三
院、保良局和天主教教區等文獻，亦只能提供這些機構當時所面
對的景況，並不能展現普通市民生活的全貌。

　　日治時期出版的報刊，例如《華僑日報》、《香島日報》、
《亞洲商報》和《大眾周報》等等，雖能提供大量原始資料以彌補
歷史文獻的不足，但對普羅大眾的日常生活，卻只能提供一些片
段資料。例如1944年3月16日的《香島日報》曾列舉市民每月最
低生活費的資料，在14項基本開支中，"甲級市民"每月的生活

27

支出約一百多元軍票。[1]（見表一）

表一：1944 年 "甲級市民" 每月生活支出明細表

物品	數量	每月金額 （軍票）
米	十二斤	九元
柴	四十斤	八元四十錢
油	四両	三元
鹽	八両	十三錢
糖	四両八	十七錢
小菜	每日一元二錢	三十六元
肥皂	一件	三元
理髮	二次	五元
報紙	一份	四元五十錢
火柴	三盒	三十錢
香煙	每日一包	十九元五十錢
車費	每日來回一次	六元
娛樂	每週一次	二元
午茶	每週一次	七元二十錢

資料來源：《香島日報》，1944 年 3 月 16 日，頁 4，〈每月最低生活費〉條。

1　有資產者屬 "甲級市民"，"乙級市民" 是受薪階級，而勞動階層則屬 "丙級市民"。

日治時期，日治政府"發行"的軍票。

一個多月後，《華僑日報》的社論〈論物價〉中指出在白米配給的年頭，市民每月的最低生活費是 150 元軍票至 180 元軍票。在日治時期，這是"非一般薪俸階級或小本經營的市民所能擔負的"。[2]

從兩篇報導中，我們可了解到日治後期，市民是生活在水深火熱之中。雖然數據加深了我們對日治時期香港物價的認知，可是在日治政府的統治之下，市民的生活情況究竟是怎樣的呢？我們需要通過其他辦法去了解和認識。

2　見《華僑日報》，1944 年 5 月 9 日，頁 1，〈論物價〉條。

日治時期香港人的生活狀況，年青一輩只能從書本中了解或從家中耆老口中獲得零七八碎的資料，但對經歷過這段歲月的老一輩而言，可是記憶猶新的事情。18天的戰事，改變了香港的歷史；三年零八個月的苦難，改變了很多人的一生。本書藉着17位幸存者的回憶，重現日治時期港人生活片段，如實將60多年前香港的苦難歲月展現在讀者眼前，為讀者提供更全面真實的歷史記錄，[3] 讓年青一輩更好地了解香港近代史上滄桑的一頁。

1941年12月8日，發動太平洋戰爭的日軍進攻香港。其實早在日軍侵略香港之前，部分市民已意識到日本侵略香港是如箭在弦的事。當時居住於紅磡的鄭達明憶述其父親在戰前的準備，便說明了當時的狀況：

> 由於我家四兄妹都是在香港出生，父親在戰前便將我們的出生證明和他在澳門的好友地址，用膠紙封好，再由母親縫在衣服的內袋裏，以便我們逃往澳門時，得到照應。[4]

18天的戰事，受訪者飽受戰火的煎熬，當時只有八歲的鄧德明憶述：

> 1941年12月18日，我們店舖附近被炸彈炸中……爆炸的震盪使我們的店舖倒塌下來……店舖倒塌後，我們一家和

---

3 17個口述歷史訪問中，其中16個訪問為嶺南大學香港與華南歷史研究部藏品、1個訪問為香港歷史博物館館藏。

4 《鄭達明口述歷史訪問》，2006年11月20日。訪問者：周家建，檔號：CTM/2006/D1。私人藏品。

夥計都被倒塌的木板壓着，無法彈動……被壓的時候我們都
很辛苦，母親一直捉着我的手。[5]

現居於多倫多的梁杏寬對戰時逃入防空洞的情形記憶猶新：

我在九龍曾經聽見警報聲及爆炸聲，又進過防空洞。防
空洞內漆黑一片的，我們躲在防空洞內直到警報聲停了才出
來。我同學的父親是義勇軍，他在香港保衛戰期間壯烈犧
牲。[6]

憑她的憶述，反映出當時戰況的激烈，生在亂世的市民，性命卑
賤無比。

日治時期，人心惶惶，人民生活於白色恐怖之中。梨園中人
陳醒棠曾受到日軍的拘禁。他憶述當時的情況：

當晚戲班散場後，便到附近的大排檔夜宵。夜宵後，返
家途中，遇上了日軍，我們一班人便被帶往碼頭，被拘禁了
一整夜。回想起來，當晚感到不安，是因為不知道日本人會
怎樣對待我們。[7]

---

5 《鄧德明口述歷史訪問》，2007年1月19日。訪問者：盧淑櫻、章珈洛、鍾
婉儀，檔號：LN0601-TTM。嶺南大學香港與華南歷史研究部藏品。

6 《梁杏寬口述歷史訪問》，2006年11月18日。訪問者：馬潔婷、廖元智，
檔號：LN0601-LHF。嶺南大學香港與華南歷史研究部藏品。

7 《陳醒棠口述歷史訪問》，2006年10月25日。訪問者：周家建、黃曉恩，
檔號：CST/2006/D1。私人藏品。

　　三年零八個月的苦難日子，部分市民選擇了歸鄉或遷往外地避難。留在香港的市民，只能在吞聲忍語的環境下生活，為求生存暫將個人的尊嚴和傲骨擱下，唾面自乾。麥錫邦回憶日治時期的生活時，感慨萬分：

　　　　有時晚上在街上被屍體絆倒也不會感到驚慌，因為當時正是戰爭時期，我們覺得死並不是一件稀奇的事。今天雖有幸生存，但很難預計明天將會發生甚麼事情，特別是日本士兵在街上看見人便開槍射殺，根本就不可能知道自己的生命會何時終結。[8]

　　日治時期的香港，市民的生活無論在衣、食、住、行各方面都受到影響，而歸鄉政策和糧食配給制度，令香港的原有體制徹底改變。雖然如此，從個別訪問中，仍能感受到社會的運轉並沒有因此而完全停頓下來。部分受訪者仍舊得到兩餐溫飽，甚或有機會接受教育或專業培訓。

　　本書第一部分圍繞香港的糧食供應及其他生活面貌，結合文獻資料，嘗試勾畫出日治時期的民生概況。第二部分為17位受訪者的回憶，希望從他們的經歷中，能夠更全面地認識日治時期的香港歷史。第三部分專門介紹日治時期新界的政治和經濟。

　　書中的被訪者，大部分現居香港，亦有部分居住於加拿大多

8　《麥錫邦口述歷史訪問》，2007年2月26日。訪問者：周家建、黃曉恩，檔號：LN0601-MSB。嶺南大學香港與華南歷史研究部藏品。

倫多市。被訪者大部分是經個人或團體轉介給研究小組認識的。
有些受訪者日治時期處於孩童階段，故此記憶只局限於居住地區
的情況。有些較年長的被訪者，則能詳盡地描述自己的遭遇，包
括參與抗日活動、被日軍俘虜修築鐵路、家族生意被日軍查封等
經歷。書中收錄的訪問稿，先由研究員整理，再由編者考證文獻
史料後，編輯出版。

　　口述歷史不是新的歷史資料搜集方法；口述歷史是一種以人
為本的研究方式，透過與被訪者的錄音訪談，歷史學家可以發掘
到一些歷史的側面，既可彌補文獻、實物之不足，亦能活化歷
史，使個人感受得以保留。但是口述歷史的運用，並不在判定歷
史事件，而在於搜集文獻中沒有記載的素材。這種做法存在着一
定的局限性，往往帶有個人的主觀判斷。

　　現存放在香港政府檔案處的日治時期資料，以土地記錄為
主，全數只佔該處歷史資料總存量約 5%，並不能具體地反映當
時的實況，口述歷史正好彌補其中不足。

第二部分

日治時期

香港人的生活面貌

糧食供應

　　1941 年 12 月 25 日，香港總督楊慕琦向日軍投降，香港淪為日本的"佔領地"，這一天亦是香港的"黑色聖誕日"。香港居民生活在日本的統治之下，經歷了三年零八個月的艱苦歲月。當時，市民在日常生活中遇到的最大難題，就是糧食供應嚴重短缺的問題。

　　香港山多平地少，資源匱乏，白米、其他主要糧食及日常用品都依賴進口。自1842年開埠以來，香港都是憑着轉口港的特殊地位，透過內地和國外進口糧食和其他日常生活的必需品。但是，自日本發動太平洋戰爭以後，海陸兩路的交通運輸幾陷於癱瘓，頓時令香港的糧食供應出現問題。

　　其實，早在戰事爆發前，香港政府已經在市區實行了白米配給的戰爭臨時措施，所以香港居民在香港淪陷前已經嚐過"輪米"的滋味了。

戰前香港的糧食供應

1937年7月7日，內地抗日戰爭全面爆發，日軍先後攻陷北平、天津、南京、武漢等城市，並直撲華中、華南等地。直至1938年10月，廣州、惠州及深圳等比鄰香港的城市紛紛落入日軍手中，使香港陷於孤立之境，受到不同程度的影響。

自抗日戰爭爆發以來，內地有大量難民湧入香港，一波又一波的難民潮，對香港原有的糧食供應體系造成衝擊，以致糧食及物資供應日趨緊張。

> 本港糧食，向賴外埠供給，即日用之燃料，亦須由東江或西江方面而來，自去年抗戰事發，沿海交通，被敵封鎖，運港糧食及燃料，均有供應不便之感……遂令本港食物價格飛漲，貧苦中人，固感痛苦，即中上人家，亦感不堪。[1]

為了應付這個嚴峻局面，香港政府頒佈了一系列的法令，以穩定香港的糧食供應及價格，包括《平衡糧食價格條例》，以防不法商人囤積居奇來謀取暴利；《必需品儲備條例》，以增加糧食儲備數量，禁止白米出口。同時，香港政府又成立了"糧食統制處"，要求米商盡量積存米糧，而米糧均受香港政府的監控。根據統計數字，香港當時的白米貯存量已達到80萬包，約一億五千萬斤，足夠全港居民半年之用。如果再加上雜糧的貯存量，則

1　鄭宏泰、黃紹倫：《香港米業史》（香港：三聯書店，2005年），頁74-75。

足供居民10個月至一年之用。[2]這説明香港政府當時的糧食政策取得了一定的成果。

　　隨着局勢日趨緊張，香港居民紛紛搶購白米，令白米的價格波幅非常大，早上6時仍可以一元購買白米七斤，到了7時就只能買到六斤半，至十時左右更只能買到六斤白米。[3] 到了1941年12月2日，香港政府宣佈香港進入戰時緊急狀態，凡涉及到糧食的銷售、出入口等事宜，都受到政府的嚴格控制，這意味着戰事一觸即發。就在日本海軍偷襲美國珍珠港後數小時，即1941年12月8日早上8時，由酒井隆中將所指揮的第38師團屬下的三大聯隊，配合第66隊炮兵團作先遣部隊，通過寶安縣分別從打鼓嶺、羅湖及新田進攻香港。戰事爆發後，香港居民紛紛搶購白米。

　　　戰爭才爆發了一天，市面上立刻就沒有米賣了，米店都關上了門，貼着"白米沽清"的條子。政府派出了警察，發出限制米店一律不准派價的命令，規定由政府分派白米給各個米號，以限定每人購買數量的辦法來安定人心。[4]

　　雖然戰事已經爆發，但是，香港政府仍規定米店必須繼續開

2　關禮雄：《日佔時期的香港》(香港：三聯書店，1993年)，頁92；鄭宏泰、黃紹倫：《香港米業史》(香港：三聯書店，2005年)，頁94-95。
3　《香港米業史》，頁77。
4　唐海：《香港淪陷記：十八天的戰爭》(上海：新新出版社，1946年)，頁47。

淪陷初期，銅鑼灣區居民搶購糧食的情況。

門營業，並規定他們不能肆意漲價以謀利。除了白米之外，其他
糧食亦成為市民爭相搶購的目標。唐海在他的著作《香港淪陷
記：十八天的戰爭》中，憶述了當時的情況：

> 現在市面上只要有能夠替代糧食的東西，包括麵粉、麥
> 片、麥子……甚麼都給人搜買一空，不計較價錢，只要能夠
> 搶買到東西；於是食品店、麵包店的門口，又陸續貼出了
> "貨物全部沽清"的條子。[5]

在供求失衡的情況下，物價不斷上升，連蘋果、梨子也要一

5　唐海：《香港淪陷記：十八天的戰爭》（上海：新新出版社，1946年），頁
　　48。

元一斤，比平時漲價了兩倍。[6]有些店舖不願向客人出售太多的
糧食，有些甚至索性關門。[7]有見及此，香港政府便向中下階層
居民出售平糶米，[8]限定每人可以購買一元或10元的米，維持開
戰前的價格。可是，由於政府所設置的平糶站太少，一般居民不
容易購買到平糶米。結果，助長了黑市米的市場。[9]

　　後來，香港政府實施糧食管制，並分發糧食給一些如醫院等
特殊機構，那打素醫院護士學生陳永嫻憶述：

> 　　一打仗就鬧饑荒，就要儲糧。由於大家不知道甚麼時候
> 才打完仗，因此所有機構都要儲糧，那打素醫院也不例外。
> 戰前的英治政府有為醫院和病人供應糧食，我們就把糧食儲
> 存在六樓。[10]

　　經過十八日的戰事，日軍大本營於 1941 年 12 月 25 日晚上 9
時 45 分，正式向外發佈攻佔了香港的消息，香港宣告淪陷。

6　薩空了：《香港淪陷日記》（香港：進修出版教育社，1946 年），頁 36。
7　藍如溪、胡美林：《日治下香港的一隅》（香港：伯特利教會，2000 年），
　　頁 22。
8　古時遇到荒年，官府把倉庫裏的糧食以平價出售，稱為平糶。
9　《香港淪陷日記》，頁 22。
10　《陳永嫻口述歷史訪問》，2006 年 10 月 20 日。訪問者：馬潔婷、馬潔慈，
　　檔號：LN0601-CWH。嶺南大學香港與華南歷史研究部藏品。

從 160 萬到 50 萬的"歸鄉政策"

自1937年抗日戰爭全面爆發以來，中國不少知名人士紛紛移居香港，其中最為人所熟識的，就是孫中山先生的夫人宋慶齡女士。她與友人於1939年在香港成立了"保衛中國同盟"，同盟會總部設於香港島西摩道21號，以向外和華僑宣傳抗日救國訊息，爭取外援支持抗戰為成立宗旨。

除了知名人士以外，當時亦有大量的內地難民湧入香港，令香港的人口大幅增加。據統計，香港於 1921 年的人口為 60 多萬，至 1931 年已增加至 80 多萬。[11] 從 1937 年 7 月至 1938 年 7 月

1939 年的難民。

---

11 莫凱：〈現代貿易體系的成長歷程〉，載王賡武主編：《香港史新編》（香港：三聯書店，1997 年），上冊，頁 288。

的短短一年間，香港的人口就增長了25萬人。[12]為了控制人口的增長，香港政府於1939年10月13日頒佈《限制外人入口緊急法令》。但是，內地戰事蔓延，香港政府根本阻擋不了難民的湧入。到了1941年底，香港的人口已達160多萬。

1941年12月25日，香港總督楊慕琦向日軍司令官酒井隆中將投降，香港宣告淪陷。由於政局急劇變化，一些知名人士大多被迫滯留香港，他們包括陳濟棠、陶希聖、何香凝、廖承志等國共兩黨人士。他們為了躲避日軍的追捕，在東江縱隊等組織的協助下，紛紛逃離香港前往內地。1942年1月9日，文化界人士鄒韜奮、茅盾夫婦、胡繩夫婦等人，就是在俗稱"蛇頭"的人的帶領下，分乘多艘木船從香港島偷渡往九龍，再喬裝成難民，避開日軍耳目，逃離九龍市區前往新界。[13]

日軍佔領香港後，香港市面陷於混亂之中。日軍一方面搜捕抗日份子，另一方面與居民爭相搶奪英軍遺留下來的軍用糧食。麥錫邦憶述當時情況：

> 當日軍到達九龍之後，我們所住的油麻地區並沒有受到太大影響，但鄰近的九龍倉則受到衝擊，由於倉內儲存了很多白米、麵粉和糧食，所以有很多人到貨倉內搶劫白米和麵粉，我的父親也搶了兩袋麵粉回來。在這個情況之下，九龍

---

12 Hong Kong Administration Reports for the year 1937 and 1938.

13 蔡榮芳：《香港人之香港史，1841-1945》（香港：牛津大學出版社，2001年），頁243。

倉派人守着柯士甸道和佐敦道這條通往九龍倉的道路。廣東
道和柯士甸道附近是一片空地，往上便是軍營，守門人就在
空地攔截那些往貨倉搶米的人。由於這些守門人都是持槍攔
截搶米人的，所以當時有不少人命喪槍管下。另外，湧入貨
倉搶米的人，亦有不少被米包壓死。因為貨倉內的米差不多
堆放到20呎高，他們搶米的時候，不像拿麵粉一樣一包一包
的抬走，而是用刀割開最低層的米包，然後用袋盛載流出來
的米。當低層的米流走的時候，高層的米包便會因失去承托
而塌下來，所以有不少人被塌下來的米包壓死。[14]

另一方面，日軍又全面查封各處倉庫和店舖，嚴禁任何人士
進入，即使是物主也不例外。

一些大的店舖都給封了門，門口釘上"大日本軍陸軍管
理"，或者是"大日本軍海軍管理"的牌子……許多華人的
店舖都給封了，那都是比較大一些的舖子，包括永安、先
施、大新……沒有經過"皇軍"的允許，一切的物品，都不
能自由搬動或買賣。[15]

---

14 《麥錫邦口述歷史訪問》，2007年2月28日。訪問者：周家建、黃曉恩，檔
　　號：LN0601-MSB。嶺南大學香港與華南歷史研究部藏品。
15 唐海：《香港淪陷記：十八天的戰爭》(上海：新新出版社，1946年)，
　　頁92。

所謂"查封"，實
際上就是掠奪，據記
載，其中"捷和製造
廠"就因被"查封"而
損失了700萬元的財
物。[16] 除了查封之
外，不少工廠和商店
為了能夠繼續經營，
在無可奈何下，唯有
將股份免費給予日本
人。[17] 日軍將大量搜
刮回來的糧食和物
資，騰出少部分流入

1939年捷和製造廠員工合照。

黑市市場圖利，其餘均運返日本或留作軍隊自用。[18]資料顯示，
戰前香港庫存的白米共有95萬擔，其中80萬擔被日軍掠奪為軍
糧。[19]據知，當時位於銅鑼灣附近的軍用倉庫，就積存有白米數
萬包，以及堆積如山的罐頭牛肉，全都是英軍在撤退時來不及搶

---

16 周家建：〈日佔時期的經濟〉，載劉蜀永主編：《20世紀的香港經濟》（香
　　港：三聯書店，2004年），頁152。
17 藍如溪、胡美林：《日治下香港的一隅》（香港：伯特利教會，2000年），
　　頁65-66。
18 《黃景添口述歷史訪問》，2006年12月19日。訪問者：鍾婉儀、章珈洛，
　　檔號：LN0601-WKT。嶺南大學香港與華南歷史研究部藏品。
19 盧受采、盧冬青：《香港經濟史》（香港：三聯書店，2002年），頁141。

運的軍用物資。[20]最後，香港市面的糧食供應幾乎斷絕。

　　據記載，日軍佔領香港不久，市民為米糧發瘋般在街上跑來跑去，隨着糧食和燃料供應更日趨緊張，市面經常發生掠奪事件。[21]如何解決香港160多萬居民的糧食供應，成為日治政府必須解決的急切問題。為此，日治政府推行了"歸鄉政策"，鼓勵香港居民離港回鄉，以舒緩香港糧食短缺的問題。從日軍佔領香港初期開始，就有大批的居民為了解決"溫飽"問題而加入了"歸鄉"隊伍。

　　1942年1月，以酒井隆為首的軍政廳正式實施"歸鄉政策"，目標是將160多萬的人口減少至50萬左右。第一期目標是疏導30萬人，並特地成立了"歸鄉委員會"，後來改名為"歸鄉指導委員會"，專門負責安排香港居民返回內地的家鄉。除了"歸鄉指導委員會"外，軍政廳同時發動了一批香港的紳商組成"香港善後處理委員會"（又稱"香港新生委員會"），由著名華商羅旭龢擔任主席，周壽臣擔任副主席，羅文錦、李冠春、李子方等人出任委員。它的成立主要以解決當時香港的社會民生問題為目標，其中處理歸鄉事宜即屬於其主要工作之一。1942年2月25日，香港佔領地總督部成立後，設立了"歸鄉事務部"，繼續貫徹軍政廳時期所實行的"歸鄉政策"。

20　唐海：《香港淪陷記：十八天的戰爭》（上海：新新出版社，1946年），頁53。

21　日本防衛廳防衛研究所戰史室著：《香港作戰·長沙作戰》（東京：朝雲出版社，1971年），頁188。

在地方層面上，日治政府透過分區制來貫徹"歸鄉政策"。日治政府將香港劃分為三大區：包括香港島、九龍和新界；每區下再設分區，共計 28 區，分別設置區役所。各區役所由一位日籍人士主管，日常工作則由一位華籍所長和一位華籍副所長管理，下設 6 至 10 名區役委員。區役所的其中一個職能，就是簽發"歸鄉證"。當九龍區役所成立

1942 年初，報章上刊登了一則有關居民歸鄉的報道，指在"歸鄉指導委員會"指導辦理下，第 19 批歸僑起程回鄉。

時，英文報章 "Hongkong News" 曾作了如下報道：

> 除了處理環境衛生外，九龍各區的區役所正忙於簽發"歸鄉証"給予為數過千的歸鄉人士。[22]

早在 1942 年 1 月 3 日，日軍便貼出通告，勸喻香港居民返回家鄉。為了鼓勵香港居民離港回鄉，日治政府除了在廣播和報章上大肆宣傳"歸鄉政策"外，甚至以送贈米糧和安排客輪、列車接載歸鄉者等措施來利誘居民離開香港。當時日治政府曾安排免費船隻疏導返回台山、澳頭、寶安、唐家灣、淡水、石岐等地的香港居民；並公告居民，凡自願從九龍步行回鄉者，日軍可為他

---

22 "Six District Bureaus Formed in Kowloon" *Hongkong News*, 6 February, 1942: 2.

日治政府為了鼓勵居民歸鄉，以送贈米糧的手段利誘居民。圖為1942年，沙田一處歸鄉者領米處。

們安排免費渡輪從香港島至深水埗。[23] 陳君葆就曾在日記中記載當時有"免費歸鄉一事"。[24] 結果，不少香港居民"響應"了日治政府所推行的"歸鄉政策"，相繼從海路或陸路離開香港。

　　除此之外，日治政府又發動同鄉會、慈善機構、宗親會、工會及商會等民間團體協助組織大規模的"歸鄉團"。這類民間組織會各自組織歸鄉隊伍遷返內地，其中以同鄉會的角色至為主要。以旅港三水同鄉會為例，當軍政府宣佈"人口疏散政策"後，旅港三水同鄉會隨即成立"三水邑僑歸鄉指導委員會"，為有意歸鄉的僑胞登記，並代政府簽發"歸鄉證明書"。同鄉會並

---

23 薩空了：《香港淪陷日記》（香港：進修出版教育社，1946年），頁102、127。

24 陳君葆：《陳君葆日記全集》（香港：商務印書館，2004年），卷二，頁109。

派員在碼頭協助邑僑，以減省憲兵的阻擾。雖然免費歸鄉只歷時一個多月，旅港三水同鄉會已成功協助 3,723 名邑僑歸鄉。

免費歸鄉計劃於 1942 年 2 月底停止，但歸鄉工作並未因此完結。相反，旅港三水同鄉會自發地繼續協助邑僑遷返原籍。邑僑乘內河輪船經珠江往廣州，再轉乘廣三鐵路回鄉。同鄉會的工作除組織歸鄉團外，更會資助貧困鄉民，資助項目包括：1. 往廣州船票一張，廣三火車票一張，過海船費二十錢（軍票）；2. 代辦申請免費檢便及種痘等醫療服務。[25]

除此之外，該會更租用祺生客棧、萬安棧及廣州的金門旅店，免費招待邑僑，以便他們在歸鄉途中可稍事休息。同鄉會甚至安排居於廣州及太平的邑僑首領照顧歸鄉僑胞。自 1942 年 11 月至 1943 年 3 月，該會曾組織了 10 次歸鄉團，共幫助 341 名鄉民回鄉。

香港江浙同鄉會亦登記同鄉姓名，然後將他們送回上海。[26] 香港淪陷後，唐海曾親身前往江浙同鄉會查問回鄉的情況：

> 我曾經跑到江浙同鄉會去參看一下登記的情形：那個辦公室設在四層樓上，登記者從第四層樓的扶梯口站起，一直擠滿了下三層扶梯，然後再拖開了，伸長到人行道上，到另一條馬路。登記的手續並不麻煩，不過填一張姓名年齡職業

---

25 錢景威主編：《旅港三水同鄉會金禧紀念特刊》（香港：旅港三水同鄉會，1962 年），頁 57。

26 薩空了：《香港淪陷日記》（香港：進修出版教育社，1946 年），頁 86。

住址的條子，可是人口移動卻異常的遲緩，有早上站到晚上的，有一連來了三天沒有登記到的。未登記的人，多半在午夜十二點來到辦公室的門口，後來甚至有人就一直坐在扶梯上不走動，晚上伏在原來的位置上打瞌睡。[27]

除了同鄉會等一類民間組織外，宗教團體亦積極安排本地居民離港返鄉。例如位於九龍城嘉林邊道的伯特利教會，便曾多次組織自己的師生回鄉避難。

1942 年等待乘船回鄉的居民。

27　唐海：《香港淪陷記：十八天的戰爭》（上海：新新出版社，1946 年），頁 105-106。

（1942年1月7日）清晨，由三十五位師生（包括幾位來自其他神學院的師生）組成的一個回鄉小組，啟程前往廣州。所有返鄉的人，必須事先領取日方簽發的通行證。他們得輕裝上路，每人只能隨身攜帶幾件替換衣服，一張毛氈，一本聖經，還有學校發的三斤白米。（我們本想多發一點米，但生怕他們負擔過重，因為"遠道無輕載"啊！）至於隨身帶的錢財，則由各人自行設法收藏：有人放在貼身內衣的暗袋裏，有的縫進衣服裏，也有塞進鞋底的……。身上穿的衣服，也都換成不起眼的舊衫褲。青春漂亮的年輕姑娘和學生哥，一下子都變成惶恐還鄉的難民。有兩個化妝得太賣勁，以致看上去簡直和真的叫化子一樣。大家一齊做了禱告，出發的人背上包袱，彼此揮手告別。我不禁暗暗下淚，在淚光中目送他們上路。[28]

（1月14日）第二批組隊還鄉的學生出發了，目的地梅縣，比去廣州遠得多，遇險的機會也相應倍增，參加的人十分踴躍，總共有四百多名，不過有些並非各校師生，其中還有不少老弱和幼童。可想而知，比上一批要麻煩得多，每天充其量只能走上十英哩。看到這樣子教人怎麼能放心？我們天天為他們代禱，直到從梅縣傳來他們全體平安抵達的消息。[29]

---

28 藍如溪、胡美林：《日治下香港的一隅》（香港：伯特利教會，2000年），頁43。
29 同上，頁45。

　　（8月14日）我們這一隊有二十八人，是最後離開九龍的一批，要坐船去廣州灣，需要不少錢。上岸後還要步行六天，才能到達目的地。如今我們日夜趕工收拾行李，買船票之前，必須注射防疫針，以防天花、霍亂和傷寒等疫症。由於所需打交道的部門都設在港島區，我們每人都要乘渡輪過海好幾次，連嬰兒也不例外。從伯利特（神學院）步行到天星碼頭便要兩小時，為了趕時間，不得不乘搭搖晃不定、十分擁擠的公車。[30]

　　1942年初，香港市民的歸鄉路線主要分為陸、海兩路。陸路方面，是沿新界經羅湖，再轉往深圳。海路方面，則經澳門轉往廣州灣。[31]市民離開香港前，須得到日治政府發出的"渡船證"才能離開。為配合日治政府推行的政策，個別社會士紳被強制離港。

　　返回內地的市民，大多數採用陸路離境，他們多沿廣九鐵路沿線向北行，經沙頭角公路回鄉。期間，大量老弱婦孺支持不住，在途中死亡的不計其數。[32]當時的市民除了因歸鄉政策返回祖籍外，亦有大量家庭是基於對香港失去信心而選擇離開的。香港大學畢業生張奧偉憶述其家庭的情況如下：

30 藍如溪、胡美林：《日治下香港的一隅》（香港：伯特利教會，2000年），頁86。

31 余叔韶著，胡紫棠譯：《與法有緣》（香港：香港大學出版社，1998年），頁43。

32 《曾元帶口述歷史訪問》，1996年6月14日。訪問者：高添強、周家建，檔號：TYT。香港歷史博物館館藏。

　　1942 年 8 月，家庭可説是一貧如洗。曾在蜆殼公司工作的父親亦失去工作。儲存在銀行的存款，日本人亦只准許提取四分之一。（離港）事情亦因貨幣貶值而變壞，港元跌價了百分之五十，及後，再下挫百分之二十五，四元港元只能兑換一元軍票。父親有見及此，決定離開香港，前往廣州灣，因他相信當地的蜆殼公司可幫到我們。[33]

　　淪陷九個月後，香港的人口已減少了 42%，約 975,500 人仍居於香港。民治部（負責庶務、商業、文教和衞生課的部門）所做的人口普查，詳列了各區的人口分佈：

表一：1942 年的香港人口

	地區	日本人	中國人	外國人	總計
香港島	中區	528	107,878	1,617	110,023
	上環	16	47,173	25	47,214
	西營盤	47	33,625	103	33,775
	石塘咀	12	25,294	131	25,437
	西環	11	14,006	65	14,082
	灣仔	376	74,447	500	75,323

---

33 張奧偉曾任立法局首席非官守議員及行政局議員；Cheung, Oswald, "Wartime Intelligence in China", in Clifford Matthews and Oswald Cheung(ed.), *Dispersal and Renewal: Hong Kong University during the War Year* (Hong Kong: Hong Kong University Press, 1998), pp.335.

	地區	日本人	中國人	外國人	總計
香港島	鵝頸	130	33,064	616	33,810
	跑馬地	213	10,670	193	11,076
	香港仔	2	20,793	74	20,869
	銅鑼灣	98	23,036	317	23,451
	赤柱	10	4,888	133	5,031
	筲箕灣	16	46,537	299	46,852
九龍	九龍塘	108	7,177	537	7,822
	九龍城	18	56,982	186	57,186
	深水埗	9	112,067	245	112,321
	旺角	16	69,524	92	69,632
	油麻地	61	102,708	706	103,475
	尖沙咀	550	12,945	1,355	14,850
	紅磡	106	24,245	124	24,475
	荃灣	--	10,026	3	10,029
	漁民	--	--	--	19,299
新界	大埔	9	18,390	1	18,400
	元朗	--	37,840	3	37,843
	上水	--	15,052	6	15,058
	沙田	--	5,529	13	5,542
	沙頭角	12	11,660	--	11,672
	西貢	--	8,950	--	8,950
其他	啟德及離島				12,000
總計		2,348	934,506	7,344	975,497

資料來源：“Less than a million people now resided in Hongkong, Kowloon.” *Hongkong News*, 29 September, 1942: 3.

　　到了1943年底，隨着日軍在太平洋戰事中節節失利，香港的糧食供應就更加緊絀。於是，日治政府又規定，凡繼續留居本港的居民，一律要向日治政府申請"住民證"，並將無業者一律遞解出境，日軍就曾經將乞丐、流浪者、無業遊民約一萬人遞解出境。甚至在街上隨意逮捕居民，然後將他們強行押解出境。據統計，當時平均每天有一千人被日軍強行用船隻押解至廣東省沿岸，然後由他們自生自滅。[34] 1942年5月17日，香港大學馮平山圖書館館長陳君葆，就曾目睹日本憲兵在香港島快活谷一帶逮捕遊蕩者及失業者，並用貨車將他們押走，據說，他們會被送到大嶼山或深圳的沙魚涌。[35] 1945年5月27日，陳君葆於早上出門

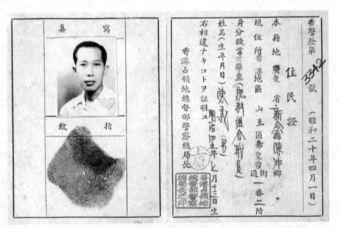

日治時期的住民證，清楚寫明居民的姓名、籍地、住所地址及職業等資料。

34　蔡榮芳：《香港人之香港史，1841-1945》（香港：牛津大學出版社，2001年），頁265。

35　陳君葆：《陳君葆日記全集》（香港：商務印書館，2004年），卷二，頁80。

時，在海軍船塢附近見到十多個 “鵠形茶色” 的饑民被分成兩隊，每隊七至八人，分別用一根繩子綁在一起，然後被憲兵押走。[36] 這反映出日治政府開始以強制手段迫民眾歸鄉，代替鼓勵的方式來減少人口。

“歸鄉政策” 從日軍佔領香港初期開始，一直實施至日治時期結束為止，是日軍統治香港期間的重要政策之一。

據 1941 年 3 月一項非正式的人口統計，當時香港及九龍的華人人口約有 142 萬、非華人人口約有 2 萬 3 千；新界的人口則約有 20 萬，總人口約為 164 萬。[37] 到了 1943 年底，香港人口已銳減至 80 萬。[38] 由此可見，在 “歸鄉政策” 下，香港人口數目迅速下降，至 1945 年年底日本投降時香港的人口只約有 60 萬人。這說明了日治政府所推行的 “歸鄉政策” 取得預期的 “成功”。

可是，由於日軍在內地戰場處於膠着狀態，加上太平洋戰事的爆發，阻礙了日軍在糧食方面的生產和運輸，因此，即使香港的人口比原來的減少了一半以上，仍然無法解決糧食短缺的問題。所以，在三年零八個月的日治時期，大部分香港居民都過着三餐不繼的生活，因饑餓而死亡的人就更是多不勝數。

---

36 陳君葆：《陳君葆日記全集》（香港：商務印書館，2004 年），卷二，頁 381。

37 關禮雄：《日佔時期的香港》（香港：三聯書店，2005 年），頁 78。

38 蔡榮芳：《香港人之香港史，1841-1945》（香港：牛津大學出版社，2001 年），頁 259。

戰前努力工作的苦力，開戰後不但令他們失去謀生的機會，甚至連生命也不保。

　　陳君葆在日記中曾留下這樣幾句話：＂街邊橫着許多餓斃了的人，而少奶奶姨太太們仍在急於趕辦唇膏香粉絲襪一類東西。＂[39] ＂連日以來路上每發現餓斃的市民，一個多禮拜前電車經過跑馬廳前，那裏躺着一個餓死已久的苦力，這種情形不圖竟出現於我眼前，不禁為之心酸一陣。＂[40] 這正是當時香港社會的真實寫照。

39　陳君葆：《陳君葆日記全集》(香港：商務印書館，2004年)，卷二，頁78。
40　同上，頁109。

日治時期的糧食配給制度

據資料顯示，1942年上旬，香港的日用品和糧食的價格已經
比開戰前上漲了三至四倍，在停戰之後，白米的價格亦上漲至一
元港幣一斤。[41]

據關禮雄在《日佔時期的香港》一書中所作的統計，從1942
年至1945年間，香港華人代表會與香港佔領地總督共開了45次
例會，當中討論到米糧問題的就有14次之多，其中1942年4
次、1943年5次、1944年4次和1945年的1次，為諸種討論事
項之冠。[42]這說明了米糧供應問題是日治政府非常重視的社會問
題之一。

為了減緩糧食消耗的速度，日治政府在糧食問題上實行了糧
食配給制度的監察和節流措施。

(1) 鄰保制度

為了更有效地控制社會秩序，日治政府設立了分區制，把全
港劃為28個區役所（類似今天的區議會），以便管治及自治。與
此同時，亦推行鄰保制度，進一步監控市民的日常生活。

鄰保制度可說是區政的一部分，其目的是希望鄰里透過守望
相助的精神，建立社區的睦鄰關係，同時鄰里間起着輔助監察的

---

41 薩空了：《香港淪陷日記》（香港：進修出版教育社，1946年），頁109。
42 關禮雄：《日佔時期的香港》（香港：三聯書店，2005年），頁178-179。

作用。親日的"華民代表會"委員劉鐵誠在〈憲查與鄰保班之連環性〉一文中，對鄰保的定義作出了初步解釋："東洋國家之組織是以家為單位，故以齊家為治國之本。鄰保之制，亦出發於齊家之精神。所謂鄰者，即接近之家。所謂保者，即彼此互助之意。家與家彼此互相幫助。" [43]

鄰保制度關心的議題主要是環繞民生的需要，大致可分為六項。一、警務工作。二、衛生工作。三、節約工作。四、互助工作。五、防諜工作。六、防空工作。而鄰保班長成為推行區政的前線推動者。西區副區長譚榮光在"西區鄰保班長懇談會"詳述了鄰保班長的工作性質：

> (鄰保班長) 其任務約有下述三點：（一）下情上達。即凡民眾所有困難或意念，均應切實代為轉達，使區役所能有所根據而轉達當局，加以改善或參考。（二）傳達當局意旨。鄰保班長為最接近民眾之官員，舉凡當局一切意旨，由鄰保班長宣示民眾，比任何傳遞方法較為普遍。如能使官民打成一片，則對建設大東亞之使命，裨助不淺。（三）協助推動區政。一切區政措施，有賴於鄰保班協助者至多。因有時在某種環境中，區所或不能直接辦理，或需要大量之外勤人員，鄰保班應盡力協助。[44]

---

43 《華僑日報》，1942 年 12 月 26 日，頁 4，〈憲查與鄰保班之連環性〉條。
44 《華僑日報》，1942 年 11 月 18 日，頁 4，〈鄰保制度及班長任務〉條。

鄰保可說是行政架構中最下層的行動機關，成立之初，只設鄰保班長，負責鄰保地區的行政事務。1943年初，鄰保組織進行改革，為了能更有效地發揮上情下達的功能，增設了組長一職。當中央有行政指令需要執行時，地區事務所便會通令各區的鄰保班聯絡員，由聯絡員通知鄰保班長；鄰保班長下達至組長，而組長負責通知各戶。[45] 1944年4月，鄰保班進行另一次改革，取消組長，增選班長，以進一步控制社區活動。另外，為配合鄰保的新組織架構，又取消聯絡員的制度，以班長代表取代他的功能。班長代表是每10班推選一位為代表，每班的組織結構為50戶。[46]

而區役所肩負的責任包括戶口調查，陳君葆在日記中記載了一次區役所人員進行戶口調查的親身經歷：

> 今日（1944年3月12日）調查戶口，清早天未明，雲卿（陳君葆女兒）便起來煮茶，準備一切。七點三刻調查員已來把各處的人都叫到樓下門口去等候了，青葉區的區長，極其賣力，挨家挨戶的去催人下樓，又不住地當街叫喊不怕力竭聲嘶，手舞足踏，調查員誰人及得他呢！[47]

日軍佔領香港以後，立即實行戶口制度以嚴格監控人口的流動和遷徙，另一方面，亦用來配合以"計口授糧"為原則的糧食

45《華僑日報》，1943年1月7日，頁4，〈設立組長〉條。

46《華僑日報》，1944年4月9日，頁4，〈五十戶為一班〉條。

47 陳君葆：《陳君葆日記全集》（香港：商務印書館，2004年），卷二，頁234。

配給制度。凡中國人的出入境、遷徙流動等，都需要向憲兵總部
申報。

（2）白米配給制度

　　日本政府在太平洋戰爭爆發初期，已對日治地區的糧食分配
作出安排。日本農林水產省次官於 1942 年 1 月 28 日在東京出席
"南方開發金庫法案委員會" 期間， 重申日本政府對白米供應的
立場：一、朝鮮、台灣和滿州為日本的主要供應地。二、糧食不
足地區，包括香港、華中地區、菲律賓、馬來亞、新加坡和爪
哇，則從泰國、越南和緬甸供應。[48]

　　為求貫徹日本政府的方針，1942 年 1 月中旬，日治政府正式
實施糧食配給制度，其中白米是中國人的主要食糧，因而成為首
要配給的糧食。

　　日治政府採取 "計口授糧" 政策，按照戶口向居民發出 "普
通購米票"，[49]規定每人每天只可以配給四兩白米，價錢為每斤
20 錢，後來增加至 "六兩四"。[50]食米配給由民治部統籌，而六
兩四的數量是由磯谷廉介總督所訂立。他以東京市民的每日平均

---

48 《循環日報》，1942 年 1 月 30 日，頁 2，〈説明大東亞糧食政策〉條。

49 《循環日報》，1942 年 1 月 30 日，頁 3，〈計口授糧〉條。

50 "六兩四" 是指日治時期每人每天配給糧食的定額。日軍在糧食配給方面採
　　用 "十進制"，每人每天配給零點四斤。用中國舊制的 "司馬秤"，就成為
　　六兩四錢，而 "六兩四" 只是簡稱。

日治政府向香港居民發出的普通購米票。

食米數量為六両四的準則，認為香港市民的食米數量應該與東京
市民看齊。[51]

"普通購米票"是需要向日治當局申請的，在《日治下香港的
一隅》有如下敍述：

> 經過許多手續，總算申請到配售糧食的糧票。憑票每人
> 一天可向糧店購買六両四錢糧食，剛夠我們中國人平時一餐
> 飯所需的數量。這只能略為填一下肚皮，不致餓死，比一點
> 糧食都買不到稍好一些。[52]

---

51 松奄，〈民治部長會見外記〉，《大眾週報》，1943 年 35 期（1943 年 11 月
27 日），頁 5。

52 藍如溪、胡美林：《日治下香港的一隅》（香港：伯特利教會，2000 年），
頁 58。

日治時期中環的一處白米配給所。

白米配給的工作集中在各區，由日治政府設立的"總督部指定港九白米配給所"負責。由於糧食供應有限，日治政府亦只能指派有限數目的白米配給所進行白米配給工作。因此，白米配給所最初的數目只有很少，大概每區有一至兩家。隨着1942年中旬以來社會秩序漸趨穩定後，全港約有100家白米配給所。[53]居民每次添置米糧都要在指定的日子和時間趕往白米配給所排隊，希望可以在白米售罄之前購得生活所需的糧食。於是，"輪米"就成為了香港居民在日治時期的生活中，最有代表性的寫照。香港《立報》創辦人薩空了在《香港淪陷日記》一書中，記載了他的見聞：

> 由德敷（輔）道走回皇后大道西，這時候街上已無隙地可以走人。買米的行列，把擠在售米站門前的人擠得怪叫救命，有的已因不堪擁擠，爬到鐵欄柵上，鐵欄柵都彎曲了，可是米還沒有發售的消息。[54]

53 《華僑日報》，1942年7月23日，頁2，〈油店地點之編配〉條。
54 薩空了：《香港淪陷日記》（香港：進修出版教育社，1946年），頁140。

淪陷時期，與家人居住於港島西區的黃景添亦有同樣的經歷：

> 當時的主要食糧是白米，但每人一天只得"六兩四"，根本不足以飽餐，因此一般會混雜蕃薯一同煮食，偶爾也能吃到鹹魚乾……我們一家人很有正義感，不願意光顧黑市市場，事實上黑市的貨物也不多。當時雖然糧食短缺，但由於日軍會以嚴刑來對付搶掠者，故市面很少出現搶奪食物的情況。[55]

日治時期居住在元朗的馮其祥憶述：

> 我也到過元朗大馬路一間叫"永泰"的店舖輪米……輪米是有一定程序的：日本人首先將米分給鄉公所，每戶憑糧票拿米，由村長負責派發。糧票則由區役所調查每戶人口，村長統計人口後按戶分發。當時日本人在每戶的外牆釘上門牌，並向居民簽發身份證以確認身份。

當時，由於糧食短缺，白米供應不足，不少香港居民便購買其他糧食來充饑。

白米的配給後來有所改善，是由於從白米配給所發展出白米小賣商，亦即戰前經營米業的大小商人，以增加白米配給的效率。1942年4月，日治政府與香港米商達成協議，從泰國進口白米，藉此解決白米供應不足的問題。但是，這些白米的品質甚為

---

55 《黃景添口述歷史訪問》，2006年12月19日。訪問者：鍾婉儀、章珈洛，檔號：LN0601-WKT。嶺南大學香港與華南歷史研究部藏品。

參差，而且運輸時間太長，對舒緩白米供應不足的幫助不大。[56]
後來，日治政府與米商達成協議，成立"白米元捌處"（即米業公會），實行小賣制度，將白米分發給零售米商，採取配給方式售賣給香港居民。[57]

1943 年 9 月 28 日，《華僑日報》刊登了一則 "購米須知" 的告示，規定居民必須於限定時間內購領白米，否則不得補配。

到了1943年下旬，由於日軍在太平洋地區的戰事節節敗退，日治地區的航運受到重大打擊，供港的白米數量亦隨之日減，只能進口米碎以應急。[58]所謂米碎，是最低等的食米，米身細小而殘缺不全，米質低劣，通常是一些掉在地上再檢拾回來的 "地腳米"，從 1942 年 8 月 24 日至 9 月 14 日，居民獲得配給的都是這類米碎。[59]後來，甚至出現了延發米證的情況。[60]而市面上搶米

---

56 關禮雄：《日佔時期的香港》（香港：三聯書店，2005 年），頁 97。

57 同上，頁 97。

58 陳君葆：《陳君葆日記全集》（香港：商務印書館，2004 年），卷二，頁145。

59 鄭宏泰、黃紹倫：《香港米業史》（香港：三聯書店，2005 年），頁 102。

60 《陳君葆日記全集》，卷二，頁 196。

的事情亦時有發生。[61]到了 1943 年 2 月以後，每人每月只獲配給糙米 12 斤、麵粉 6 両，而且價錢上漲了一倍多。[62]

在這種情況下，日治政府曾嘗試配給荳類以代替白米，當時位於九龍城嘉林邊道的伯特利教會便在附近的市場售賣豆漿，生意不錯，反映出當時白米供應非常缺乏，居民紛紛以荳類產品來充饑。[63]曾任九龍城區役所副區長的陳祖澤憶述往淘化大同公司捐贈黃豆的經過：

> 那時並不是每人都獲得配糧。有見及此，淘化大同公司，它是在牛池灣製造醬油，他們有幾百畝工地。淘化的東主是我的世交 …… 當時他們儲存在貨倉的黃豆非常多，所以他們捐出了一部分給市民作食糧。[64]

此外，日治政府亦鼓勵商人自行進口白米。當時，這種由商人自行進口白米的例子甚多。1943 年 11 月底，香港的八大米商與七大雜糧商共同組織了"香港民食協助會"，由商人胡文虎出資 50 萬元組成並擔任會長，協助會負責對外採購各類糧食，並通過設立"中僑公司"，以香港華商的資本，在泰國、越南等地購

61 陳君葆：《陳君葆日記全集》（香港：商務印書館，2004 年），卷二，頁 330。

62 《華僑日報》，1943 年 4 月 14 日，頁 1，〈米油糖·最近配給情形〉條。

63 藍如溪、胡美林：《日治下香港的一隅》（香港：伯特利教會，2000 年），頁 62；另見《華僑日報》，1943 年 10 月 23 日，頁 1，〈本港的糧食〉條。

64 《陳祖澤口述歷史訪問》，1996 年 8 月 20 日。訪問者：周家建，檔號：CCC。香港歷史博物館館藏。

買白米進口香港。當時，胡文虎曾親自前往東京謁見日本首相東條英機，以取得運米進口的"運米證"。這些從泰國、越南等地入口的白米，一半需要交予日治政府作配給之用，另一半則會交予會員、合作社等組織，而其價錢為每斤三元軍票，比市面的白米較為便宜。[65] 此外，當時還有一家叫"東榮公司"的米商，該米商從1942年起就從無間斷地進口白米到香港，單是1944年1月至3月，就從國外進口二千餘包白米到香港，總數約26萬斤。[66] 1944年下旬，一位叫梁扶初的商人從廣東省進口白米10萬斤，其中六萬斤要交予總督部和憲兵部，其餘的四萬斤則分給工廠以及跟梁扶初有關的私人團體及親友。[67]

這種由商人自行採購白米的運作模式，反映出日治政府已經無法從日本佔領區內的經濟和軍事網絡中取得足夠的經濟支援，於是只好轉而要求商業團體的協助來解決香港的糧食問題。

因為戰事的蔓延，國外的白米已無法輸入本港。陳君葆在1944年3月19日的日記中有如下記載：

> 昨日海面已無一隻大洋船，今日卻又停泊了約四艘了，可見近來運輸頻繁了，一般的心理自然希望那幾條都是米船啊！[68]

---

65 蔡榮芳：《香港人之香港史，1841-1945》（香港：牛津大學出版社，2001年），頁259；另見《華僑日報》，1943年11月30日，頁4，〈香港民食協助會〉條。

66 關禮雄：《日佔時期的香港》（香港：三聯書店，2005年），頁102。

67 陳君葆：《陳君葆日記全集》（香港：商務印書館，2004年），卷二，頁317。

68 同上，頁237。

　　因此，香港華人代表會曾向廣東省提出"借糧"的要求，並由華人代表鄺啟東代表香港華人代表會前往廣州面見省長陳春圃。最後，廣東省政府批准香港米商從廣東購買米糧入口，當時共入口米糧132萬斤，暫時解決香港糧食嚴重短缺的問題。[69]

　　1944年4月15日，日治政府宣佈停止配米。根據報導指出，日治政府負責分配糧食的部長在1944年4月14日的記者招待會中，對停止配米作出解釋。他指出政府已准許米商從廣東、澳門和廣洲灣直接進口白米，並准各米商自由買賣，故此已能滿足市面的需求。再者，停止配米可加速香港"自給自足"的步伐。事實上，日治政府已經意識到鄰近地區已無法滿足香港對糧食的需求。以廣東為例，由於農業受到戰爭的摧殘，與及農村勞動人口下降的影響，農產量連年遞減，以致農產品輸出量亦減少。[70]

　　隨着食米配給制度取消，米價亦大幅上漲。盟軍的《敵佔領地十一號報告》，對米價的上升作出了詳盡報告："自（1944年）7月，食物價格漲價了200%。米價升至每斤14元軍票。"[71]而英文版的《Hongkong News》亦引載劉鐵誠對米價的報告："當物價在最高峰時，米的批發價為每百斤980元軍票，而零售價為每斤

69　關禮雄：《日佔時期的香港》（香港：三聯書店，2005年），頁101。

70　陳勝：〈論日本侵粵對廣東經濟之影響〉，載《慶祝抗戰勝利五十周年兩岸學術研討會論文集》（台北：中國近代史學會，聯合報系文化基金會，1996年），頁1240。

71　Australia War Memorial, AWM54 67/5/5 Part 11,"Conditions in Enemy Occupied Territories Summary No. 11".

13元軍票。"[72] 米價遠遠超出了市民的負擔,低下階層的市民只能以雜糧代替白米充饑。為解決市民對的米糧需求,社會賢達、士紳紛紛組織"合作社",設法為民解困。

據陳君葆於1944年12月9日的日記記載:"今日從街市走過,米幾於絕跡,米粉製的糕亦不見一隻"。[73] 這時候,香港各界唯有自行想方法解決糧食問題。除了一些商人自行進口白米之外,各區的居民組織、民食合作社亦開始經辦進口白米和其他糧食來港的工作。當中"漁業總會"亦不甘後人,自行設法運送糧食回港分發給各區的漁民;而基督徒亦自行組織起來,輸入米糧以分配給教友。例如香港華人基督教聯會鑑於日治後期糧食缺乏,生活日漸困難,遂組成了"消費合作社"進口白米,以舒緩市民的困境。這個組織主要以批發的形式購買白米,再以廉價分售白米給市民。買賣資金由幾位家境較為富裕的教會會員一同籌集,經日治政府同意後,從廣州進口白米,並在東亞銀行分配米糧。[74]

(3) 民食合作社和非官方機構

食米配給制度取消後,"民食合作社"便應運而生。合作社是以集股形式建立,市民可購入合作社的股份,然後由合作社辦

---

72 "Profiteers Scored by Chinese Councillor." *Hongkong News*, 13 August, 1944: 2.

73 陳君葆:《陳君葆日記全集》(香港:商務印書館,2004年),卷二,頁313。

74 鮫島盛隆著,龔書森譯:《香港回想記:日軍佔領下的香港教會》(香港:基督教文藝出版社,1971年),頁99。

運米糧，這樣市民便可以自給自足。以"山下區民食合作社"為
例，其基金徵集目標為100萬元軍票，配股數目為10萬，每股10
元。社員按所佔股份的多寡分為五級（見表二）。

表二："山下區民食合作社"股份認購概覽

級別	份數	金額（軍票）
甲	五份	五十元
乙	四份	四十元
丙	三份	三十元
丁	二份	二十元
戊	一份	十元

資料來源：見《華僑日報》，1944 年 4 月 9 日，頁 4，〈民食合作社〉條。

籌集的資金用作採購政府所准許之物品，運往港外地方換取
米糧及日用品。換取得到的物品只供應給持股人，而物品的配給
價是以物品本價，連同運費及一成薄利賣給各持股人。[75]

自"山下區民食合作社"在 1944 年初成立後，各區及個別
團體紛紛仿傚，成立合作社，成為市民米糧供應的主要來源。
（見表三）

75《華僑日報》，1944 年 4 月 9 日，頁 4，〈民食合作社〉條。

表三：1944 年"民食合作社"一覽表

地區	合作社	資本（軍票）	每股作價（軍票）
水城區（西營盤）	民食合作有限社	500,000	10
山王區（西環）	居民消費合作社	100,000	10
銅鑼灣	銅鑼灣民食消費組合	—	—
筲箕灣	筲箕灣消費合作社	500,000	10
山下區（紅磡）	山下區民食合作社	1,000,000	10
大角區（旺角）	大眾食堂（籌備中）	—	—
元區（九龍城）	元區民食合作社	100,000	10
香取區（油麻地）	香取區糧食運營商	—	—
青山區	青山糧食公司	—	—
西貢區	糧食消費合作社（籌備中）	—	—
香港基督教總會	基督消費合作社	500,000	—

資料來源：光明，〈民食合作社組織〉，《亞洲商報》，1944 年 54 期，（1944 年 4 月 23 日），頁 6-7。

　　雖然"民食合作社"在建立之初得到市民的廣泛支持，但最後卻因經營不善而難逃失敗的厄運。究"民食合作社"失敗的原因，可歸納為以下四點：

1. "民食合作社"雖然從買賣中抽取一成利潤，但全用作日常營運成本，未能為股份持有人提供合理利潤；

2. 大部分的"民食合作社"為區役所經營，故此缺乏管理非牟利機構的實際經驗；

3. "民食合作社"大都各自為政，相互之間缺乏溝通，以致未能有效地解決整體市民的需要及控制物價；

4. "民食合作社"仍舊需要向米商購米，以致米的配給價格不能有效地下調。[76]

隨着"民食合作社"的解散，米價隨之而起，白米的零售價約在29元至40元軍票之間。[77]隨着這類民食合作社的衰落，香港的米糧供應便進入另一個階段。1945年初，港九米商在日治政府指導下組成"港九白米批發商聯合會"。該組織以協助政府、平穩米價和調劑民食為宗旨，並採取措施控制白米市場。

雖然"港九白米批發商聯合會"能團結香港的批發商，對米的批發價作出強制性調整，並決定每斤白米的售價不能超過15元，但內部的市場調節並未能改變白米的入口價格、鄰近地區的糧食失收、因戰況改變而引致的運輸困難等外來因素。因此，米價並未能如期得到抑制。

基於戰事失利，加上"民食合作社"及"港九白米批發商聯合會"的失敗經驗，日治政府又鼓勵商人辦米，將食米視為進出口物資之一，總督部亦於1945年3月28日成立"興發營團"，負責監控食米及其他物資的進出口，以進一步統制物資的流通。

---

76 Chow Ka Kin Kelvin, "Hong Kong and Malaya under the Japanese Occupation" (unpublished M.A. dissertation, University of Hong Kong, 1999), p.63.

77 Australia Archives, A4311/5 69/4, "Fortnightly Intelligence Reports Nos, 15 & 16".

根據 1945 年香督令第 32 號的第一條，"興發營團"成立的
宗旨為：

第一條　香港興發營團，只為確保以香港為中心之南支自
活體制，務必要物資之充足，以期增強□力為目的之法人。

而第九條亦對其業務作出詳細解釋：

第九條　香港興發營團辦理下列業務：

一、軍需物資之採辦、輸入、移入及保管。

二、一般物資之採辦、輸出入、移出入、保管及批發。

三、調整輸出入品、移出入品及其他經辦物資之價格。

四、運營物資之海上運輸，及關於保管物資之倉庫事宜。

五、修理及整裝船舶，並獲得及配合機帆船及帆船所用
　　燃料。

六、確保船員（安全）。

七、發給輸出入之證明書，並徵收關於發給證明書之費用。

八、調查、研究物資、船舶及其他經濟事情，並對總督
　　建議。

九、與前列各號業務有聯帶關係之各業務。

除個別團體外，各區區役所亦參與食米進口的營運工作，以
解決區內食米供應短缺的問題。以九龍城區為例，雖然日治政府
仍繼續區內的賑濟事宜，但糧食不足的問題，仍困擾該區的居
民。為了解決民困，該區區役所便曾派船往澳門採購米糧，以接

濟該區的饑民。[78]

　　日治時期，大部分的糧食都是配給的，其中包括糖、鹽、麵粉、黃豆等。日治時期以上各種物資都供不應求，日治政府為了有效統制糧食的分配，市民需持有糧票才能獲得配給。其配給制度與食米配給制度相同，每位市民只獲得定額數量。然而，由於糧油等物資的存量不足以應付市民的需求，故此配給制度不能長期維持，甚至到後來市民更不獲配給上述物資，只能以高價向小販及商店購買食糧。

　　肉類的供應亦非常缺乏，主要原因是大量肉類被運往前線給作戰的日軍食用。另外，香港與鄰近地區的糧食貿易亦以蔬菜及魚類為主，肉類的供應可說奇貨可居。1944年6月22日的《華僑日報》以〈歷時兩年羊市復活〉為題，報導了香港中央街市屠宰一頭羊的經過。而文中更敍述了肉類在日治時期的輸入情況：

> 查本月（六月）十六日，香港江門航船"江門丸"，自江門開回本港，載到草羊四頭。據悉，四頭草羊，係本港羊業商人許溪氏設法從江門搜購，而由港江（香港江門航船）指定貿易商——本港中區之誠興行辦理付輸運來。每頭羊約重卅餘斤。當按照手續，且報搬入屆，并交由大賣市場，轉往屠房。[79]

---

78 《陳祖澤口述歷史訪問》，1996年8月20日。訪問者：周家建，檔號：CCC。香港歷史博物館館藏。

79 《華僑日報》，1944年6月22日，頁4，〈歷時兩年羊市復活〉條。

除羊肉供應非常缺乏外,豬肉和牛肉的供應亦隨着戰況轉變,導致運輸困難而影響供應。由於肉食缺乏穩定的供應,市民只能飼養家禽或小動物,以解決肉食不足的情況。

相對於肉類,魚類的供應並沒有很大的影響。香港淪陷不久後,日治政府已經鼓勵漁民出海作業。為解決生計,漁民亦三五成群聯袂出海。日本海軍雖然對漁船出海作業沒有作出任何限制,但卻以統營方法來控制魚類的供應。漁民自身的糧食供應,與陸上居民大致相同,同樣享有"六両四"的米糧供應。但漁民的機動性較陸上居民強,因為他們相對較易取得漁穫作為糧食。蕭春在《回顧港九大隊》一書中,將漁民換取糧食的經過作了詳細描述:

> 群眾雖然能夠出海,但糧食問題就突顯出來了。那時漁民每天只能從鬼子那裏得到六両四的配給米,一天不停地在海上打魚,吃不飽哪有氣力去生產。我們(港九獨立大隊)號召漁民組織互助合作社,集體出海打魚,由我們武裝護送。同時我們在漁民容嬌的船上建立漁業稅收站,由賴全當稅收員。漁民交付漁稅後,可以把捕到的魚拿到沙魚涌賣,買回來油鹽菜等生活用品,亦可把多餘的生活用品轉賣給其他船隻。[80]

---

80 蕭春:〈開展漁民工作的回憶〉,載廣東青運史研究委員會研究室、東縱港九大隊隊史徵編組:《回顧港九大隊》(廣東:廣東青運史研究委員會研究室,1987年),頁123。

　　由於"互助合作社"能有效舒緩漁民的糧食問題，合作社紛紛在各漁港成立，包括糧船灣、官門、滘西、橋咀、西貢及南澳島等地方都有成立合作社為漁民服務。

　　從1944年至1945年間，在糧食供應已接近斷絕的情況下，不少香港居民要以野菜、蕃薯藤、花生麩、木薯粉甚至樹皮來充饑，當時曾盛行一種叫"神仙糕"的食物。據鄧德明回憶道：

> 當時我有吃過"神仙糕"這種食物，它的做法是首先用糯米蒸成糕狀，然後切成三角形，再用菜油炸。"神仙糕"有點五香粉的味道，有點鹹又有點脆，一般都是擺在街邊賣，在馬路旁邊炸邊賣。[81]

　　隨着生活環境日趨惡劣，當時甚至出現一些可怕的傳言。日人鮫島隆盛在《香港回想記：日軍佔領下的香港教會》一書中聲稱，曾聽聞過"有些中國窮人，已餓到搜捕犬、貓或鼠類而食，更有甚者，還吃人肉"的傳言。他更聲言曾親眼目擊街頭有人在"細心地在剔除老鼠體毛"以及"一具被殘忍地取過皮肉的嬰兒屍體"等可怕場面。[82]

---

81 《鄧德明口述歷史訪問》，2006年12月19日。訪問者：盧淑櫻、章珈洛、鍾婉儀，檔號：LN0601-TTM。嶺南大學香港與華南歷史研究部藏品。

82 鮫島盛隆著，龔書森譯：《香港回想記：日軍佔領下的香港教會》（香港：基督教文藝出版社，1971年），頁100。

而日治後期香港的市面情況，鮫島隆盛亦有這樣的敘述：

> 日漸面臨糧食、飲水、燃料、電力等生活必需物資的缺
> 乏，因而（市）民面有饑色，野有饑殍，街巷且常見有無人
> 照顧的遺屍。[83]

由此可見，香港在日治後期已經陷入糧荒之中，配給制度的停止
運作導致黑市米價急劇上升，一般市民只能以其他雜糧來維持生
計。據當時的報章報道，在日治後期，"每日死於饑餓者，達七
八十人之眾"。[84]

（4）副食品配給制度

除了作為主糧的白米需要配售外，其他相關的副食品也因為
供應有限而需要實行公賣配售制度。當中以油、鹽、糖的監管最
為嚴格，但無需像白米一樣按戶供應。

日治初期市面曾一度鬧柴荒，因此日治政府在 1942 年 7 月 1
日宣佈禁止買賣私柴，由新成立的"薪炭御商組合"負責主管柴
薪買賣事宜，由日治政府每天提供1,500擔柴薪，再交付"薪炭御
商組合"批發給各大小經日治政府核准的商販出售。[85]

---

83 鮫島盛隆著，龔書森譯：《香港回想記：日軍佔領下的香港教會》（香港：
   基督教文藝出版社，1971 年），頁 98-99。
84 鄭宏泰、黃紹倫：《香港米業史》（香港：三聯書店，2005 年），頁 125。
85 《華僑日報》，1944 年 1 月 21 日，頁 3，〈當前香港各大問題·民治部長均
   有宣示〉條。

食油方面，日治政府計算出每人每月約需要食油0.6斤，若以1942年中旬約100萬的人口來計算，全港每月便需要配給食油60萬斤。至於砂糖的個人月耗量則為0.3斤，全港每月的耗糖量約30萬斤。於是，日治政府向油商和糖商每月分別發放60萬斤食油和30萬斤砂糖，讓居民自行前往"總督部指定糖商組合配給所"和"總督部指定油商組合配給所"等地方購買。日治政府的配給原則是：白米是每人每日的必要食糧，因此白米配給所的數量較多；食油的重要性僅次於白米，所以油商組合配給所的數量相當於白米配給所的一半；砂糖的重要性比食油又次之，所以糖商組合配給所的數量最少。

當時香港共有油商組合配給所50家，糖商組合配給所則約有47家。另外，由於戰時燃油短缺，柴薪成為主要的家用燃料，因此亦受到日治政府的價格規管。[86]

到了日治中後期，糖、油、鹽等日常生活必需品的配售，往往出現緩期甚至停止配給的情況，導致這些日常生活必需品的物價不斷提升。《華僑日報》在1944年中的一篇題為〈平抑物價漲風的根本問題〉中列舉了物價銳升的情況：

> 取消米配給之時，物價確曾一度上趨，但不久即歸平復，以迄於今。在此之前，本港的物價，一直維持着水平狀態，概括言之，是米三元以上四元不到（斤）、油卅元、柴

---

86 《華僑日報》，1942年6月17日，頁2，〈更正米價〉條；另見《香島日報》，1942年7月20日，頁4，〈召集小賣柴店會議〉條。

四十元（擔）、魚七元至廿元（斤）、肉類廿五到卅五元（斤）；但至最近止，前後不到兩星期，價格的差額，達半倍或者一倍，甚至有達兩三倍。物價漲高程度，竟有超過宣佈取消一般米糧配給時者。此種情勢，不能不令到一般居民感覺訝異。[87]

(5) 特殊配給制度

日治政府在實行對一般居民配給白米的同時，也對某些人士實施特殊的配給制度。

首先，替日治政府辦事的人員都可以得到個人的配給，這等於是解決了個人的"吃飯"問題。這些為政府辦事的人員甚至可以提出申請，增加其家族成員的白米配給，例如戰事結束後，日治政府需要召回香港殖民政府時期的員工返回崗位工作，遂允許每人每日額外配給白米。[88]日治時期在總督部上班的區巧嬋回憶道：

> 完成訓練之後，他們沒有分派教師的工作給我，而是派我到總督部負責抄寫商店的執照……總督部就在滙豐銀行裏面，那時的生活挺舒服，因為有午飯提供，除了工資外還有白米配給。[89]

---

87 《華僑日報》，1944年7月19日，頁1，〈平抑物價漲風的根本問題〉條。
88 《華僑日報》，1944年5月24日，頁4，〈從業員申請扶養家族多不邀准〉條。
89 《區巧嬋口述歷史訪問》，2006年11月16日。訪問者：廖元智、馬潔婷，
    檔號：LN0601-AHS。嶺南大學香港與華南歷史研究部藏品。

其次，一些協助日治政府管治香港的特殊團體、報館、慈善機關等，都可以享受特殊配給。例如 1945 年初，陳君葆開始在《華僑日報》從事編輯工作，因此他可以從報館領取額外配給的白米。[90]另外，日治政府也非常重視漁民對增加香港糧食供應的貢獻，因此在取消一般居民的白米配給制度後，仍然維持向漁民配給白米的政策。[91]至於酒樓、食店所需要的白米，也一律按照特殊辦法配給，以便他們繼續經營。

在推行特殊配合的制度當中，香港大學是值得一提的例子。香港淪陷以後，日軍雖然強搶了香港大學的一些科學儀器和文件，但卻容許大學的圖書館繼續運作。因此，香港大學的圖書館館長陳君葆得以保存大學圖書館的藏書，免受日軍的破壞。後來，日治政府要陳君葆繼續主持大學圖書館並改名為"香港圖書館"。[92]日軍總督磯谷廉介曾於 1942 年 3 月 23 日到圖書館參觀，可見日治政府對圖書館的重視。[93]陳君葆在日記中曾提及日軍向香港大學學生供給物資一事："平川隊長招待港大僑生代表貳拾人，席間互有演說，先後由何、馮兩名人員負責翻譯。學校住校燃料問題亦得到解決，係由隊長商准軍部派兩卡車由學生自己去

---

90 陳君葆：《陳君葆日記全集》（香港：商務印書館，2004 年），卷二，頁 350。

91 《華僑日報》，1944 年 4 月 7 日，頁 4，〈漁民糧食繼續配給〉條。

92 《陳君葆日記全集》，卷二，頁 55。

93 同上，頁 65。

搬"。[94]另外，陳君葆等大學圖書館職員亦得到日治政府特殊配給米糧，"圕（圖書館三字的簡寫）辦事人員因此暫定為連圕長六名，肥田木中尉於談話完畢後並一律給六人每人米六升（約十斤）作為過年之賞賜云"。[95]除了白米外，他們同時會獲得日治政府配給罐頭、鹽、糖、麵粉等日常生活的必需品。[96]

日治政府為了肯定漁民對增加糧食供應的貢獻，在取消一般居民的白米配給制度後，仍向漁民配給白米。圖為大戰前，停泊於九龍倉旁的駁船。

94　陳君葆：《陳君葆日記全集》(香港：商務印書館，2004年)，卷二，頁51。

95　同上，頁57。

96　同上，頁61和頁77。另參閱甘志遠著、蒲豐彥編：《南海の軍閥甘志遠》
　　(東京：凱風社，2000年)，頁136-137。

（6）糧食配給制度的產物：黑市買賣

　　早在戰事爆發前夕，市面已經出現黑市米。當戰事發生以後，黑市米就更加猖獗了。當時黑市的米價跟官價已相差兩倍以上。香港政府規定一元可以買白米七斤，但黑市買賣一元只可以買到兩斤白米。雖然黑市米的價錢昂貴，但白米仍然是供不應求。

　　日治政府限定了白米的價格，也控制了白米的供應量。結果，官方訂定的米價遠低於鄰近市場的價格，加上供應量不足，有些人得到米、糧食和麵粉之後會賣出去。於是，迅速催生了黑市買賣的活動。據區巧嬋的憶述：

> 有個經常賣柴給我的男人十分厲害，當時每人每日只可以配給"六両四"白米，他卻居然可以又賣柴，又賣米給我們。[97]

　　日治政府對於黑市買賣的活動嘗試採取打擊取締的措施，但並無顯著成效。一般居民為了溫飽，只好負擔較高的物價，購買黑市糧食。這種做法雖然有冒險成分，但總比到米站"輪米"較容易解決"吃"的問題。1943 年 7 月，《華僑日報》社論批評黑市買賣做成糧食短缺的恐慌，是自由主義的商業操作所造成的問題。[98]事實上，這是因為日治政府的糧食配給制度經不起商業利

---

97 《區巧嬋口述歷史訪問》，2006 年 11 月 16 日。訪問者：廖元智、馬潔婷，檔號：LN0601-AHS。嶺南大學香港與華南歷史研究部藏品。

98 《華僑日報》，1943 年 7 月 27 日，頁 1，〈市場新制度與民生之關係〉條。

益的衝擊，配給不能反映供求關係，以致貨物都跑到黑市去尋求
合理的利潤。這正好反映出日治時期嚴重不足的糧食供應，令黑
市商人可以從中取利。除了白米，幾乎所有配給的副食品和柴薪
都有黑市供應。日治時期這種"配給"與"黑市"並存的情況，
成為了當時香港居民習以為常的社會現象。據知，當時黑市的米
價比正常的米價大約高出10至20倍。[99]

可是，即使當時部分香港居民具有購買黑市米糧的經濟能
力，因為糧食供應不足的問題，也不一定可以購買到米糧。到了
日治中後期，甚至連黑市的米糧供應也日漸減少。

1944年4月15日，日軍正式取消糧食配給制度，以開放市場
取代配給制度。[100]

（7）其他生活用品的供應狀況

日治時期香港的柴、米、油、鹽等供應緊張，白米和主要副
食品的售賣雖然受到日治政府的管制，但鮮活食品的供應仍不至
於匱乏。當時香港居民要買柴，為了省錢，很多時都不是在售賣
柴的店舖購買，而是直接向上山伐柴的人購買的。[101]

---

99 關禮雄：《日佔時期的香港》（香港：三聯書店，2005 年），頁 47。

100 《華僑日報》，1944 年 3 月 15 日，頁 4，〈變更米配給現行制度·決定四
月十五日實行〉條。

101 《區巧嬋口述歷史訪問》，2006 年 11 月 16 日。訪問者：廖元智、馬潔婷，
檔號：LN0601-AHS。嶺南大學香港與華南歷史研究部藏品。

日治時期，中央市場的使用人牌照；居民需領有牌照才可在市場營業。

香港各區的市場每天都供應鹹淡水魚、豬牛肉、雞鴨鵝、蔬菜、水果、甚至臘肉等。日治初期，每斤半通菜只售港幣一毫。[102] 1942年中，膏蟹的價格為每斤一元三十錢、鱸白為每斤七十二錢、紅斑為一元四十錢一斤。[103] 同時，日治政府設有製煙工場為香港供應零售香煙，而本地也有酒商自行釀造酒類在市場售賣。[104]

當時一般居民為了兩餐的溫飽而到處張羅，但也有不少食肆繼續經營，為經濟條件較好的居民提供糊口以外的享受。這些食肆包括咖啡廳、茶樓、酒家、西餐廳、酒店等，如"陸羽"、"京

---

102 《華僑日報》，1942年7月3日，頁2，〈豆類源源而來〉條。

103 《華僑日報》，1942年7月8日，頁2，〈鹹水魚好・價平市好〉條；另見《華僑日報》，1942年11月18日，頁4，〈魚肉蔬菜供應與價格〉條。

104 《華僑日報》，1942年12月28日，頁4，〈港製香煙價廉・有人運出圖利〉條。

滬飯店"、"大華飯店"、"東亞酒家"、"香港大酒店"、"國
民酒家"、"半島酒店"、"寰翠閣"、"六國飯店"、"大同
酒家"、"英京酒家"、"澳洲茶室"、"告羅士打酒店餐廳"、
"江蘇酒家"、"廣州酒家"、"金陵酒家"、"蓮香茶樓"、"安
樂園"等。除了提供一般的餐飲或者家常小菜外，一些酒家更推
出"紅燒雙絲大翅"之類的高級菜餚。[105]看到這些菜單，很難令
人聯想到香港正處於水深火熱的日治時期。陳君葆在日記中曾記
載了一次參加朋友婚宴的情況：

> 午間沒有雨了，先到靈鳳那裏去走走才轉到香港大酒店去觀
> 游寶超的婚禮。現在結婚的茶會也帶了戰時的風味了：先由侍役
> 來數一數各桌的人數，然後才每人派定西餅兩件、茶一杯，純然
> 應用起配給的制度來了。侍役倒茶後，又加了一些牛奶和白糖，
> 才從口袋裏掏出幾柄形狀大小銀質不一的匙羹來—他們叫做艇仔
> 一分給各人。我們問這恐怕不是大酒店的茶具，侍役說，那大部
> 分是到廣州的新華酒店去了，從前這裏單是茶壺便有六百多個，
> 現在剩下還不到一百個哩！原來有這樣大的變遷。[106]

另外，香港居民在日治時期的艱苦生活中，仍然不忘在歲末
購買年貨過年的傳統風俗習慣。例如1943年的農曆新年前夕，陳

---

105 《華僑日報》，1942年10月1日，頁4，〈大同酒家之領異標新〉條。

106 陳君葆：《陳君葆日記全集》（香港：商務印書館，2004年），卷二，頁256。

君葆在家中吃了一頓亦算豐富的團年夜飯：

> 陳列在桌上的菜，盆數也不算少，雖然比起往年來便有
> 天壤。肥鴨是老劉送的，肉厚且嫩，臘腸臘鴨倒要多謝老徐
> 了，此外自己買的只是火肉和茨菇。[107]

這個例子也反映出日治時期香港居民互助的精神。日治政府亦因
此延長港九多處年宵露天市場的作業時間，以春節的喜慶來點綴
飽經戰火洗禮的香港社會。[108]

增加漁業生產

日軍在佔領香港期間，除了在糧食供應上實行"節流"的措
施外，亦推行了一些增加漁農業生產的政策，企圖從"開源"方
面解決糧食供應問題。

日治政府考慮到香港四面環海，尚有許多天然資源可供開
發，遂推動香港的漁業生產，以解決白米和副食品供應不足的困
局。後來，戎克漁業組合在新界各主要漁業產地相繼成立，包括
長洲（1942年11月19日）、大澳（1943年1月5日）、大埔（1943
年3月18日）、蒲台（1943年5月8日）、荃灣（1943年6月12

107　陳君葆：《陳君葆日記全集》（香港：商務印書館，2004年），卷二，頁
　　　162。
108　《南華日報》，1943年1月29日，頁3，〈歲晚時期・市場嚴禁高抬物價〉條。

日）和青山（1943年9月1日）等，以圖增加漁業生產及控制供
應。[109]

漁業組合的成立，對區內的漁民作出組合性指導。各區的漁
業組合負責辦理該區漁業，包括指揮漁民生產和整頓漁業機構，
以使漁業生產率得以提高。為求達到生產指標，漁業組合亦為漁
民提供日用品配給，而配給數量是與生產量掛鈎的。以筲箕灣戎
克漁業組合為例，配給漁民的物資，除稻米是由區役所負責外，
其他用品，如燃料、桐油、鹽等，則由組合負責。為求生產達到
指標，大型漁船每10天獲配給燃料15斤、桐油七斤，鹽600斤。
而"罟仔"（即魚網）的配給，則根據魚穫多寡來決定配給數量。
戎克漁業組合在表面上是民間的自發組織，但總督部卻能夠在行
政及人事上間接控制組織的運作。以長洲漁業組合為例，雖然組
織在名義上是自發，並且以為漁民謀福祉為己任，但其組長並非
由漁民出任，而是由政府決定及任命的。就如長洲漁業組合組長
陳振亞，他既非漁民，亦非長洲島民，而是在香港淪陷後，被日
本當局從台灣招募來香港當長洲漁業組合組長的。[110]

日本佔領香港後，為使香港經濟活動能達到"自給自足"及
能配合日本軍事擴張的目標，日治政府對香港的經濟活動採取
了新的管治模式，"組合制"正好扮演着核心的角色。組合制

---

109 筲箕灣戎克漁業組合：《新香港漁民：筲箕灣戎克漁業組合成立一周年紀
　　念特刊》（香港：筲箕灣戎克漁業組合，1943年），頁19。

110 周家建：〈日佔時期的經濟〉，載劉蜀永主編：《20世紀的香港經濟》（香
　　港：三聯書店，2004年），頁156-157。

"華民代表會"主席羅旭
龢為筲箕灣戎克漁業組合
成立一周年紀念題字。

位於東大街的筲箕灣戎克漁業組合辦公室。

是西方法西斯社會的產物,它主張以國家主義來替代自由經濟
的個人主義,但同時尊重私有財產的存在。組合制度是企業家
在繼續商業活動時,由政府對其活動進行指導性統制,以此配
合政府需要及實現政府的目標。組合制在日本並非新產物,日
本本土早在1931年已頒布"重要產業統制法",正式踏出統制
經濟的第一步。隨着戰線擴大,一連串的統制法例應運而生。
為着支援對華戰爭上的物資消耗,台灣及朝鮮亦跟隨宗主國,
進行統制經濟改革。日本佔領香港後,為使香港經濟發展能配
合國策,在1942年年初,頒布了"組合公賣制度",繼而香港
多個工商組合及專賣組合相繼成立。[111]

---

111 周家建:〈日佔時期的經濟〉,載劉蜀永主編:《20世紀的香港經濟》(香
港:三聯書店,2004年),頁155-156。

據郭玉珍回憶，香港淪陷以後，"由於漁船四處行駛，所以每到一個地方泊岸都要登記。日本人派發的米證，可以買米、罐頭、油和糖等⋯⋯對我們來說，日本人接管香港後，對捕魚業好像沒有特別限制，我們仍然如常出海捕魚。"[112] 反映出當時日治政府對香港捕漁業的管制較為寬鬆，並受到相當的重視。

1942年下旬，日治政府屬下的民治部，就提出以振興水產業來復蘇香港經濟的計劃。民治部計劃引入日本水產業在香港發展，並且鼓勵以帆船操作的香港漁民積極生產，甚至協調在本港四周水域的日本海軍保護漁船作業。[113] 日治時期從香港島的筲箕灣到大嶼山的大澳共設有八處漁船根據地，供數千艘漁船停泊。1943年中旬，日治政府為了鼓勵漁民增產，更特別向香港各處的漁業公會發放獎金。[114]

日治時期香港市場不停有鮮活海產供應，香港漁民實在功不可沒。

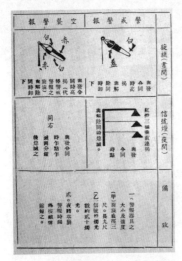

日治期間的在港船舶防空警報措施要領，對警戒警報及空襲警報的信號作詳細講解。

112 《郭玉珍口述歷史訪問》，2006年11月16日。訪問者：馬潔婷、廖元智，檔號：LN0601-KYC。嶺南大學香港與華南歷史研究部藏品。

113 《華僑日報》，1944年10月1日，頁4，〈當局振興水產〉條。

114 《華僑日報》，1943年7月29日，頁4，〈獎勵漁人盡量增產・充分供應戰時民食〉條。

日治時期的農業生產

日治之前，香港居民日常所需的農產品，主要入口自廣東省的江門、廣州灣、澳門等地。

日治政府注意到新界的元朗、粉嶺和大埔一帶有不少農地，於是鼓勵當地的農民努力增產。當時元朗有多個大型農場，所生產的蔬菜、瓜果、淡水魚、家禽、家畜等農產品，大部分都用來供應香港市場所需，藉此補充農產品輸入的不足。（見表五）

表五：1942 年元朗農場一覽表

農場名稱	經營者	地址	農地面積
亦園農場	何偉三	虹水橋	約 300 畝
餘園農場	張氏	牛潭尾	約 500 畝
茂園農場	簡恆泰	水蕉鄉	約 50 畝
肥園農場	趙靜山	屏山	約 50 畝
樂園農場	何偉臣	藍地	約 50 畝
汲水門園	黃東海	牛潭尾	不詳
挑園農場	李氏	藍地	不詳
青山農場	李潭	青山	不詳

資料來源：見《南華日報》，1942 年 7 月 20 日，頁 3，〈元朗農業狀況〉條。

　　由總督部管理的大埔農場採用改良種植方法，計劃在三年內增加該處果園的生產至原來的兩至三倍。[115] 1943年6月，日治政府將港英時期所開闢的石崗軍用機場開發成為農場，種植蔬菜以供應香港市場。[116] 總督部並在上水設立"農業指導所"和派遣農業專家指導農民改善耕作方法，致力推動新界地區的農業生產。同時，日治政府又鼓勵農民到新界各處無人耕作的土地墾荒，盡量增加土地的生產力。[117] 民間更組織農植生產團體，加入耕作事業。以元朗為例，區政所在農作物收成期，設立蔬菜荷集組合，以統營方法建立農作物銷售架構，以便控制價格。另外，各區更建立"農民合作社"，以便監管農業生產及質量。[118]

　　除了新界地區外，九龍半島個別地區，如啟德、九龍城、深水埗、紅磡和九龍塘亦積極開墾荒地，以增加農作物生產。[119] 日治時期香港市場不停有農產品供應，香港農民可謂貢獻良多。

115 《南華日報》，1942年7月20日，頁3，〈元朗農業狀況〉條；另見《華僑日報》，1943年2月25日，頁4，〈大埔農場改良種植增加生產〉條。

116 《華僑日報》，1943年7月27日，頁4，〈新界錦田機場變作農場〉條。

117 《華僑日報》，1943年8月2日，頁4，〈推行農林漁牧各大計劃〉條。

118 《華僑日報》，1942年6月11日，頁2，〈農村開發組合〉條。

119 《華僑日報》，1943年9月28日，頁4，〈九龍積極計劃增加農產〉條。

交通及其他

行

　　日治時期生活中首要解決的是糧食的問題。對普羅大眾而言，生存是最重要的事情，其他生活上的細節都微不足道。衣、食、住、行四大生活範疇之中，只要解決食的問題，其他範疇都可以得過且過。日治中期《華僑日報》有題為〈本港當前幾個重要問題〉的社論，主要集中討論糧食短缺的問題，無論市內或境外交通都不在重點討論之列，當時的生活面貌可見一斑。[1]

　　除了糧食供應，日治時期與一般市民生活關係密切的是交通問題。戰前香港是遠東地區一個重要的轉口港，商貿活動頻繁，內外交通俱甚發達。日本攻打香港的時候，本港大部分商貿活動都停頓下來，加上戰時物資短缺，燃油供應緊張，香港內外交通

---

1 《華僑日報》，1943 年 12 月 5 日，頁 1，〈本港當前幾個重要問題〉條。

一度陷於癱瘓狀態。香港境內的交通，如電車、巴士和渡輪三大主要交通工具在淪陷初期已經全面停止服務，市民外出只好步行。受訪者之一的汪女士為了教一位德國醫生中文，要從九龍城步行到尖沙咀的加連威老道。另外，那時要運送病人到醫院也不容易，因為日治時期連救傷車也沒有。[2]

（一）電車的服務

到了 1942 年 3 月 20 日，電車全線恢復行駛，[3] 但只提供有限度服務，東西行一線（筲箕灣至山王台（堅尼地城））設有 47 個車站，另外競馬場支線設有七個車站。[4] 服務的時間由早上 7 時到晚上 8 時，後來延至 10 時。期間每 20 分鐘開出一班。[5] 日治後期通脹加劇，民生日苦，市民只好安步當車，乘搭電車的人數愈見減少。電車公司為此重整電車路線及收費，將一貫由銅鑼灣開往西環屈地街總站的路線一分為二，只設頭等和三等票價。第一區由銅鑼灣至中央市場；第二區由中環天星碼頭至屈地街。兩區路

---

2 《關肇頤口述歷史訪問》，1995 年 10 月 20 日。訪問者：周家建，檔號：KSY。香港歷史博物館館藏。

3 香港佔領地總督部報導部監修、東洋經濟新報社編：《軍政下の香港：新生した大東亞の中核》（香港：東洋經濟新報社，1944 年），頁 137。

4 《華僑日報》，1942 年 1 月 25 日，頁 4，〈電車新站名〉條。

5 R. L. P. Atkinson and A. K. Williams, *Hongkong Tramways* (London: The Light Railway Transport League, 1970), p. 44. 另見《華僑日報》，1942 年 11 月 18 日，頁 4，〈屈地街至山王台電車延長開行時間〉條。

線分別收費為：頭等10元，三等5元，以方便中途上落的乘客。跨區車資仍保持頭等20元，三等10元。[6] 當時還設有學生票，價錢不貴。當時的車票是一疊一疊的，用一次撕一張。[7]

1942年底，在德輔道中巡邏的日軍及印警。旁為已恢復行駛的電車。

6　《華僑日報》，1945年5月19日，頁2，〈電車分兩區收費〉條。

7　《楊維德口述歷史訪問》，1995年5月13日。訪問者：周家建，檔號：YWT。香港歷史博物館館藏。

（二）巴士的服務

巴士服務在1942年中後期亦有限度恢復，但行駛的範圍和班次顯然無法與戰前相比（見本書附錄三）。九龍至元朗的長途巴士每天只對開六次。由於班次較少，加上汽車載客之餘亦兼載貨物，因此車上往往擠滿乘客。[8] 另外，由於巴士使用柴油為燃料，戰時往往會因柴油供應不足而影響班次。1943年中，為節省燃料，九龍巴士公司計劃減少巴士的行走班次，同時又縮短行車路線。日治政府交通部因此鼓勵市民多利用人力車，以補巴士服務的不足。[9] 後來燃油供應繼續緊張，市區往來赤柱及元朗的路線每天僅能行走兩次，以致乘客擁擠非常。巴士公司除了向政府申請燃油，也需要自行搜購。即使如此，當時巴士公司可用的燃油亦只能維持數月的服務而已。為解決問題，政府亦曾經研究將巴士的柴油發動機改為電油發動機。[10] 1944年中，大概受到燃油再度短缺問題的影響，往來九龍、新界的巴士再次縮減班次。九龍往上水只能維持兩地各開一班，九龍往上水於上午9時15分開出，同車於下午3時30分由上水開回九龍。[11] 從上述種種情況看來，巴士顯然並非日治時期的主要交通工具。

8　《華僑日報》，1942年6月17日，頁2，〈元朗新姿〉條。另見《華僑日報》，1942年10月1日，頁4，〈自動車運送客貨‧今日新辦法〉條。

9　《華僑日報》，1943年7月16日，頁4，〈高松交通部長談交通諸問題〉條。

10　《華僑日報》，1943年12月10日，頁4，〈設法增加航運時間‧輸運各地物資來港〉條。

11　《華僑日報》，1944年5月5日，頁3，〈九龍新界巴士再度縮減〉條。

（三）港內渡輪服務

　　香港的港內渡輪服務在淪陷不久即告恢復，天星小輪和油蔴地小輪兩家主要渡輪公司以有限度的航班繼續戰前的服務。日治政府首先重開天星小輪往來中環和尖沙咀的航班，由政府直接管理營運。[12]另一方面，戰前執香港渡輪服務牛耳的油蔴地小輪船有限公司在戰事中受到重創，僅餘 10 艘渡輪幸免於戰禍。[13] 不過，油蔴地小輪並沒因此而結束或暫停渡輪的服務，反而在日軍佔領香港後立即聯同其他同業向日治政府提出復航的申請。1942年 1 月 8 日，香港油蔴地小輪派代表往日治政府協商復航的事宜時，表示小輪公司可以在三日內復航。這時候距英軍投降不過兩個星期而已。[14] 經過一番考慮，日治政府同意油蔴地小輪的申請，但隨即又改變主意，轉為由日治政府直接經營。[15]日治政府於是在交通部之下成立香港九龍渡輪服務處，專門負責營運日常的渡輪服務。

　　1942 年 1 月 16 日，日治政府將天星小輪往來中環和尖沙咀的航線開放予公眾使用，並且於同月23日恢復油蔴地小輪往來香港至深水埗的航班。[16] 兩線渡輪的服務時間由每天早上 8 時至晚上

---

12 《華僑日報》，1942 年 1 月 17 日，頁 1，〈天星航線小輪昨日載客渡海〉條。

13 香港油蔴地小輪船有限公司：《香港油蔴地小輪船有限公司五十周年金禧紀念》（香港：香港油蔴地小輪船有限公司，1973 年），頁 20。

14 《華僑日報》，1942 年 1 月 8 日，頁 1，〈港九小輪公司請求協助復航〉條。

15 《華僑日報》，1942 年 1 月 16 日，頁 1，〈港九交通恢復忽改期〉條。

16 《華僑日報》，1942 年 1 月 17 日，頁 1，〈天星航線小輪昨日載客渡海〉條。另見《華僑日報》，1942 年 1 月 24 日，頁 3，〈恢復小輪航行〉條。

8時，同時劃一收費，單程頭等費用為10仙軍票，三等則收五仙。由於日治早期香港尚有100多萬人口，因此有大量乘客每天往來港九兩地，尤以往來中環和尖沙咀的天星航線為甚。當時天星航線每20分鐘開出一班，每天約有七萬人乘搭。[17]航行港九兩地的渡輪由於數目有限，因此渡輪上往往擁擠不堪。日治政府曾發告示禁止市民攜帶大量傢俱或貨物上船。另外，為方便公務員往來港九兩地上下班，日治政府又劃出上午8時50分及9時20分、下午5時正及5時30分四班渡輪予公務員優先乘搭。[18]

除了恢復香港與九龍之間的渡輪服務外，日治時期尚有行駛香港島至大嶼山的航線，後來一度考慮伸展至長洲。[19]往大澳的航線於淪陷不久即恢復行駛，每天維持兩班的航班。後來航班減為每天一班，於下午3時由香港開往大澳，第二天早上8時30分由大澳回航，途中停泊汲水門和青山兩地。這條航線不但是連繫香港與大嶼山的唯一交通工具，也是汲水門和青山兩處居民往返香港的重要交通工具。當時大澳是香港漁產量第三位的漁村，對香港的糧食供應有相當的貢獻。同時，青山元朗一帶亦積極發展農業生產，農產品亦須運往港九兩地市場售賣。因此，帶着漁農業產品的商販成了大澳航線的主要乘客。[20]

---

17 《華僑日報》，1942年2月3日，頁2及頁3，〈平均每日數逾七萬人〉條。
18 《華僑日報》，1944年3月25日，頁4，〈渡海客宜知〉條。
19 《華僑日報》，1943年1月20日，頁4，〈積極發展帆船交通〉條。
20 《華僑日報》，1943年12月29日，頁4，〈大澳近觀〉條。

（四）人力車的輝煌時期

正因為巴士的服務無法維持在戰前的水平，因此其他形式的交通工具也就派上用場。受訪者之一的葉志堅回憶說，日本人佔領香港之後在市面甚麼交通工具也看不到。平民有的坐馬車，連騎自行車的也不多見。當時最主要的運輸工具是能載大量貨物的木板車。木板車是用兩個車輪和木板製成的交通工具，以人力推動，方法是一個人在前面拉，一個人在後面推。這種臨時打造的人力車的車資大約是數圓軍票。[21]戰時市面沒有汽油供應，人力車便成為日佔時期香港的主要交通工具之一。這種載客人力車在香港由來已久，是早期常見的交通工具，日佔後其他現代化交通工具的數量減少，反而造就了人力車的輝煌時期。正如上文所述，日治政府交通部因應巴士不足的問題，鼓勵市民多利用人力車，故此人力車在當時扮演着重要角色。

另外，為方便管理，日治政府將戰前的22家人力車店統合為"香九人力車商組合"，交由交通部陸上交通課管轄。按規定，車伕須向組合登記，並須繳交20錢軍票作為牌照費後方可執業。為照顧車伕生活，組合規定每日車租只收30錢軍票。另外，為配合日治政府整飾市容的目標，車伕須要穿上藍色上衣，黃色短褲的制服。1942年中，在港九兩地行走的人力車共有858架之多，大半在香港島行走。其中香港島的人力車服務設分段收費，由銅鑼

---

21 《陳銳珍口述歷史訪問》，1995年7月6日。訪問者：周家建，檔號：CYC。
香港歷史博物館館藏。

灣至西環共分為 10 區，每區車費約 10 錢軍票。分區以外的服務
可以由車伕和乘客雙方協定。[22] 九龍則分為六區，分別為九龍城
（一區）、深水埗（二區）、旺角（三區）、油麻地（四區）、紅
磡（五區）和尖沙咀（六區）。由九龍城搭乘人力車往尖沙咀的
車費為 55 錢軍票。[23]

人力車在戰前已經隨處可見。

---

22 《香島日報》，1942 年 7 月 5 日，頁 4，〈香九人力車分區價目圖〉條。
23 《香島日報》，1942 年 7 月 6 日，頁 4，〈九龍區人力車分段價目圖〉條。

（五）其他交通工具

　　除了人力車外，轎子這種古老的交通工具居然能在日治期間派上用場。1942年，香港還有約60乘轎子用作交通工具。中環的雪廠街至雲咸街一帶是很容易找到轎子的地方，在其他地方則要碰碰運氣。這些轎子主要服務半山的居民，因此也稱為“山轎”。當時的轎子雖然是相當落伍的交通工具，但每程車費至少要一元軍票，路途較長的則可以協商車費。當時一個轎伕每月的收入約有40元軍票，足夠維持兩口子的生活。[24]另外，登山纜車於1942年中恢復行駛。纜車每天早上7時30分開始運作，到晚上11時停止，每天約有20班車。

　　其他交通工具還有自行車，當時有不少人靠騎自行車接載人客維持生計。九龍方面有馬車行走九龍城、深水埗和土瓜灣之間。彌敦道上馬車往來較為頻繁，所以整條路都佈滿馬糞。[25]

　　戰時物資供應不足，生活水準急劇下降，但香港島和九龍卻仍各有20輛的士服務市民。當時的的士跟現在一樣，按價目和行駛距離收費，由3元至25元以上不等。因為燃料短缺，價格上漲，的士更曾經計劃增加車資。[26]另外，日軍佔領香港之初，香港、九龍兩地的渡輪都停航了，市民渡海唯有依靠舢舨服務。[27]

---

24 《香島日報》，1942年7月20日，頁4，〈轎子：一種落伍的交通工具〉條。

25 《羅志傑口述歷史訪問》，1996年7月27日。訪問者：高添強，檔號：LCK。香港歷史博物館館藏。

26 《華僑日報》，1942年10月1日，頁4，〈的士運送旅客價目〉條。

27 舢舨（亦稱三舨），是一艘平底的小木船，只出現於近岸往來交通運輸、垂釣等。

車船服務恢復以後,日治政府為了籠絡人心,會讓某些人免費坐車坐船。楊維德在相當於日本的師範學院的日語講習所上課,除了學費全免外,校方還會派發一張乘車船證予學生,讓學生免費坐車坐船。[28]

　　總括而言,日治時期香港境內的公共交通只能勉強維持服務,市民出門往往要走上幾個小時的路。此外,對外交通服務亦受到戰爭的打擊。以香港與廣州的交通為例,廣九鐵路因戰爭關係未能貫通,省港之間的陸路交通處於中斷狀態。[29]直至1944年1月初,廣九鐵路才全線通車。[30]但好景不常,1944年10月,廣九鐵路因煤的供應量短缺,曾停止為市民服務,只作軍用。[31]水路交通亦因為燃料短缺而受到影響,往來省港澳的輪船服務需縮減航班。到了1943年中,香港的人口已減少到100萬以下,往來省港澳的乘客人數亦因而下降。[32]由於公共交通服務大受影響,日治時期大量歸鄉的香港居民之中,大部分只能步行離開香港前往內地。

---

28 《楊維德口述歷史訪問》,1995年5月13日。訪問者:周家建,檔號:YWT。香港歷史博物館館藏。

29 《華僑日報》,1943年11月21日,頁1,〈廣九鐵路掃蕩的特徵〉條。

30 《香島日報》,1944年1月9日,頁4,〈廣九鐵路全線通車〉條。

31 Australia War Memorial, AWM54 67/5/5 Part 11, "Conditions in Enemy Occupied Territories Summary No. 11".

32 《華僑日報》,1943年7月16日,頁4,〈高松交通部長談交通諸問題〉條。

住

　　日治前市民主要居住在一些三至四層高的樓宇內，這種樓宇遍佈港九各地，是典型的華人居所。一般而言，每幢樓宇均有一個門號，每層設有一個單位。地下的單位有的是住宅，有的是商舖。

　　日治時期很多人在歸鄉政策下自願或被迫回鄉，香港人口驟減，住房供過於求，房屋供應量很充足。故此當時的市民很容易就租到樓房居住，而且租金亦很便宜，有些樓房的租金只需一元。[33] 即使如此，房地產買賣仍時有進行。不少人因為生活困苦，被迫把持有的物業出售，市場則仍有具購買能力的人承接物業，可見日治時香港仍有不少富裕的人。曾德防一家就曾經歷從業主到租客的轉變。1942年中，他和家人搬到石硤尾街的自置物業居住，房子四層高，他們一家住在四樓，其他樓層則分租給別人。後來因為生活不繼，父親只好把整幢樓宇出售，自己反過來租住原來的房子。[34]

　　戰前的樓宇，除了磚瓦的結構之外，還會使用大量木材來建造樓梯和門窗。燃料短缺的時候，不少空置房屋的木窗和門框都

33　田川、林平芳編著；陳真主編：《尋找英雄：抗日戰爭之民間調查》（桂林市：廣西師範大學出版社，2006年），頁151。

34　《曾德防口述歷史訪問》，1995年11月4日。訪問者：周家建，檔號：TTF。香港歷史博物館館藏。

被人拆下來當燃料；有人甚至把居所的樓梯板拆下當木柴燒，此舉折斷通往上層的通道，致使高層單位不能居住。[35]另外，日治時期香港的治安很差，由於戰前樓宇都沒有安裝窗花，所以小偷很容易有機可乘，從窗戶鑽到屋內偷竊。為了避免損失，有人乾脆用木板圍封窗戶。[36]

當時由灣仔駱克道警察宿舍至芬域街一帶的民居，都曾經被日軍佔用。日軍選好地方後，居住在該處的居民必須於72小時內遷出，居民只好無奈地收拾細軟，另覓居所。除了民居外，店舖也不能幸免，通通都被日本人佔用。

衣

日治時期物資短缺，政局動盪，成衣的製造和銷售大受打擊，因而造就了故衣業的興起。日治初期香港擺賣故衣的地點主要集中在香港島的灣仔和東區、九龍的長沙灣和油麻地上海街等地方。後來因為港島東區屢受盟軍空襲，故衣市場遂轉移到中區皇后大道西和荷里活道一帶。

當時在街上售賣故衣的主要是普羅大眾，他們為了解決生活問題，把家裏值錢的衣物拿到街上擺賣。據梁秀蓮憶述，沒有錢

---

35 《陳銳珍口述歷史訪問》，1995年7月6日。訪問者：周家建，檔號：CYC。香港歷史博物館館藏。

36 《曾德防口述歷史訪問》，1995年11月4日。訪問者：周家建，檔號：TTF。香港歷史博物館館藏。

的人從家裏拿來一
堆舊而完整的衣
服，在地上鋪一塊
布便把衣服放在上
面擺賣。從鄉村來
的農夫帶着收成的
穀物，看見有稱心
的衣服便把穀物賣
掉換錢來買衣服。
也有商人從事故衣
買賣，他們大量搜
購故衣，然後運回

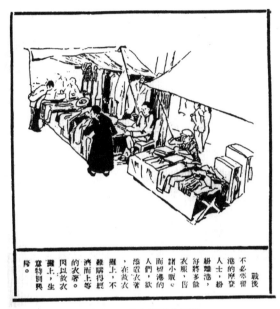

淪陷初期，一幅描述街上故衣攤檔的漫畫。

內地圖利。荷里活道的故衣店因為接近高尚住宅區，經常可以用
較低價錢收購上好的衣物，增加故衣店的利潤。[37]陳銳珍記得接
近和平的時候，買賣故衣的活動更形活躍；不少人預計戰事快要
結束，軍票將不再值錢，便上門到民居收買故衣和港幣以求圖
利。當時陳銳珍的祖母已經去世，家裏又沒有值錢的東西，便把
祖母的衣服賣掉，換錢買糧食。[38]《亞洲商報》的專欄作者九九
山人評論香港故衣業狀況時，有以下見解：

---

37 邨人：〈活躍的故衣業〉，《大眾週報》，1945 年 119 期（1945 年 7 月 20
   日），頁 2。
38 《陳銳珍口述歷史訪問》，1995 年 7 月 6 日。訪問者：周家建，檔號：CYC。
   香港歷史博物館館藏。

五行歷亂，故崛起於動亂中。人棄我取，目前不可謂非好景矣。能念舊，處世得法，往往一見如故，故深得人喜。雖街頭僕僕，歷盡風塵，然利路宏開，俯拾皆是，未可厚非也。[39]

1944年3月11日，四大華資百貨公司在《香島日報》刊登休業通告，顯示部分百貨公司在日治期間仍有營業。

寥寥數語，寫盡故衣業於日治時期的面貌。尤其"俯拾皆是"一語，婉言道出有人在街上脫掉死人的衣服當故衣賣的情況。後來故衣求過於供，香港一度連故衣也短缺。[40]

除了故衣買賣的經濟活動外，香港市面仍有部分百貨公司照常營業，為市民提供選購上等服飾的服務。當時仍有營業的百貨公司包括松坂屋、玉屋、瑞興百貨公司、永安公司、中華百貨公司、先施公司和大新公司等等。而主要以售賣服飾和布匹的專門店如老介福綢緞莊、美美兒童服裝和安平商店等，均仍有進行買賣活動。[41]

---

39 九九山人：〈香港故衣檔〉，《亞洲商報》，1944年38期（1944年1月1日），頁7。

40 《馮寶珍口述歷史訪問》，1997年7月24日。訪問者：周家建，檔號：FBC。香港歷史博物館館藏。

41 周家建：〈日佔時期的經濟〉，載劉蜀永編：《20世紀的香港經濟》（香港：三聯書店，2004年），頁154。另見《華僑日報》，1942年10月26日，頁3，〈瑞興百貨公司〉條、〈老介福綢緞莊〉條、〈美美兒童服裝〉條。《香島日報》，1944年1月15日，頁4，〈安平商店〉條；《香島日報》，1944年3月4日，頁4，〈明日（星期日）〉條。

其他

日治時期生活艱難，對於大多數的香港市民而言，三年零八個月的生活是一段掙扎求存的經歷，娛樂對於他們來說是奢侈的要求。不少人為了謀生，連自身的安危也顧不上，更遑論生活質素了。其中一位受訪者吳溢興，憶述在戰時的消遣或娛樂，不過是用紙摺飛機、摺動物而已。大夥小孩子聚在一起，撿起地上的瓦片擲來擲去便是娛樂。

日治時期雖然大部分市民都過着枯燥的生活，但日治政府為了粉飾太平，把戰前的賽馬活動保存了下來，還不時舉行馬匹拍賣活動，有關賽馬活動的消息，也會定期在報紙上刊登，為富裕的香港人提供賭博活動。[42] 雖然洋人騎師換成了亞裔騎師，香港人還是興致勃勃的投入賭馬的活動之中。

1943 年 11 月 11 日在《華僑日報》刊登的一則競馬消息。

---

42 見《南華日報》，1942 年 7 月 20 日，頁 3，〈昨在青葉峽拍賣良駒〉條。另見《華僑日報》，1944 年 4 月 22 日，頁 4，〈明日第十一次特別競馬評述〉條。

　　除了賽馬活動外，更多市民可以染指的，便是到隨處可見的賭檔內參與各樣博彩活動。除此之外，日治政府更不時發行名為"香港厚生彩票"的博彩獎券，供市民落注賭運氣，頗受民眾歡迎。[43]

日治政府發行的厚生彩票。

　　當時的市民只要花得起錢，還可以到理髮廳或美容院整理儀容；[44]生活必需品以外的奢侈品，如金器、鑽石等亦可在特定的商舖，如位於中明治通50號的"珍光珠寶公司"購買。[45]

　　除了購物外，生活穩定的市民，亦可到電影院看電影、粵劇、話劇和歌舞團等的表演。根據Ian Charles Jarvie的研究，曾

43 《華僑日報》，1942年10月26日，頁3，〈萬人渴望之秋季大馬彩揭曉〉條。

44 《香島日報》，1944年1月15日，頁4，〈松坂屋美容院〉條。

45 日治政府為加速"去英殖民化"，部分主要道路改為日式名稱，皇后大道中曾改名為中明治通。

在日治時期上映的電影便有137部,[46]除了粵語電影外,日語電
影包括黑田記代主演的〈香港攻略戰〉、李香蘭主演的〈萬世流
芳〉、長谷川一夫主演的〈瓊宵綺夢〉、市川春代主演的〈矇面
怪傑〉,國語電影包括高梨痕導演的〈新生〉、韓蘭根自導自演
的〈步步高陞〉、文逸民導演的〈錦繡前程〉,外語電影包括烏
發公司出品的〈炮轟蒙地卡羅〉、〈癡男怨女〉、〈情陣疑兵〉和
燕京公司出品的滿洲電影〈御碑亭〉等等。戲票票價由五十錢至

日治期間上演的電影〈萬世流芳〉的劇照,圖中女角為李香蘭。

---

46 Ian Charles Jarvie, *Window on Hong Kong: A Sociological Study of the Hong
Kong Film Industry and Its Audience*(Hong Kong: Centre of Asian Studies,
University of Hong Kong, 1977), pp. 11-18.

一元二十錢不等。[47]粵劇和話劇方面，不少戲壇老倌如華南影人劇團的伊秋水、陶三姑；大江山劇團的白駒榮、靚次伯；紫羅蘭劇團的紫羅蘭和新馬師曾等均粉墨登場。[48]香港交響樂團亦曾在娛樂戲院演奏羅西尼的《西維爾的理髮師》、喬治·比才的《卡門》和舒伯特的《未完成的交響曲》等樂章。[49]位於中明治通的明治劇場在1942年5月便曾重金禮聘"金時歌舞團"駐場表演草裙舞、肯肯舞、公仔舞和倫巴舞。[50]

1944年3月16日《香島日報》刊登一則有關明治劇場上演劇目的廣告。

日治政府成立後，除了為民眾提供部分文娛節目外，還隨即設立"放送局"，為市民提供廣播服務。最初的廣播時段由正午12時至晚上10時30分，廣播內容包括"日本語唱片"、"古典輕

47 《華僑日報》，1943年10月13日，頁4，〈本港各影戲院陸續修正券價〉條。
48 《華僑日報》，1942年9月4日，頁4，〈高陞大戲園〉條。另見《華僑日報》，1942年10月1日，頁4，〈高陞大戲園〉、〈普慶戲院〉條。
49 《華僑日報》，1942年7月25日，頁4，〈香港交響樂團〉條。
50 《華僑晚報》，1942年5月20日，頁1，〈明治劇場〉條。

樂”、“洋樂管弦樂”和“廣東話演講”等綜合性節目。[51] 1942
年11月初，放送局更轉播東京的播音節目。[52] 1943年中旬，廣播
時段有所延長，並分段廣播。另外，為宣傳“大東亞共榮”的思
想，放送局提供的新聞時段更涵蓋日語新聞、英語新聞、國語新
聞、粵語新聞和印度語新聞。[53]

　　日治時期，大型的體育活動仍時有舉行，成為市民的一種集
體娛樂。《香港日報》在1941年9月初舉辦了“優勝野球大會”
（野球即棒球），雖然參賽隊伍多由政府機關和日資機構組成，但
當中亦不乏華人隊伍。[54]而較受香港市民歡迎的足球比賽和籃球
比賽，亦曾舉辦盃賽活動，參賽隊伍包括地區球隊和商業隊伍，[55]
香港學界亦曾在日治期間舉辦籃球賽事。[56]香港的乒乓球代表隊
更曾遠赴澳門參加港澳埠際賽。而譽滿中外的南華足球隊更曾在
日治期間出訪澳門，並進行五場友誼賽。[57]

51 《華僑日報》，1942年10月13日，頁3，〈今日放送節目〉條。

52 《華僑日報》，1942年10月13日，頁3，〈放送局改進播音計劃〉條。

53 《香島日報》，1943年8月29日，頁4，〈今日播音節目〉條。

54 《華僑日報》，1942年9月6日，頁4，〈野球大會開幕〉條。

55 《華僑日報》，1942年2月3日，頁3，〈九龍小型球總會擬恢復尋常盃賽
　　會〉條。另見《華僑日報》，1942年12月8日，頁3，〈復興體育運動開
　　始〉條。

56 《香島日報》，1943年12月21日，頁4，〈學界籃球賽·西南勝華仁〉條。

57 《香島日報》，1943年12月17日，頁4，〈港澳埠際賽乒乓代表選定〉條。
　　另見《華僑日報》，1942年7月21日，頁4，〈南華足球隊征澳首戰敗績〉
　　條和《華僑日報》，1942年7月25日，頁4，〈南華隊五比一勝澳軍聯〉條。

　　除運動比賽之外，到飯店和餐廳消遣亦是市民在日治時期的娛樂之一。位於東昭和通的大同酒家便曾推出價值六元軍票和八元軍票的“套餐”，[58] 其他仍有營業的食肆包括中明治通的三龍酒家、[59] 德忌笠街的新世界餐室和永吉街的陸羽茶室等。[60] 為了招徠顧客，部分酒樓如大觀酒家、大華酒家、新亞酒家和廣州酒家等均增設歌廳和跳舞廳，[61] 並有樂隊伴奏和舞女伴舞。而娛樂區的色情場所也很熱鬧，燈火管制放寬時，這些夜場馬上活躍起來。西區的遇安台和山道一帶是這些娛樂區的集中地。“娛樂區組合”對妓女、按摩女和導遊娘這幾類從業員的出入均有限制，目的是維持娛樂區內的繁榮及穩定。[62] 各區的娛樂區組合更在1942年11月成立“娛樂區聯行組合會”，以便管理和與政府溝通。（見表一）。

　　另外，到了1942年中，不少宗教團體申請恢復舉辦社區宗教活動。[63] 雖然市民因此可以進行正常的宗教聚會，但教務發展已

---

58 《華僑日報》，1942年10月1日，頁4，〈大同酒家之領異立新〉條。東昭和通即德輔道中。

59 《華僑日報》，1942年7月14日，頁3，〈三龍酒家〉條。

60 見《華僑日報》，1942年12月8日，頁3，〈新世界餐室〉條。另見《華僑日報》，1943年2月25日，頁4，〈陸羽茶室〉條。

61 《南華日報》，1942年6月23日，頁3，〈茶樓酒家增設歌壇〉條。另見《華僑日報》，1943年4月11日，頁4，〈歌壇增設日多‧夜市熱鬧〉條。

62 梅華，〈初夏的娛樂區〉，《大眾週報》，1945年116期（1945年6月29日），頁2。

63 《華僑日報》，1942年6月17日，頁2，〈宗教團體已申請恢復活動者七十一家〉條。

受到一定的影響。以天主教為例，由於戰時缺乏神職人員推動教務，一度令教務陷於停頓的狀態。而在1921年已開始服務香港市民的瑪利諾修會，更因其美國背景而受到日方打壓，多名美籍神職人員被拘留在赤柱拘留營，只有獲得"第三國通行證"的修女和神父才幸免於難。[64]

表一 "娛樂區聯行組合會"委員名單

組別	姓名	職位	公司名稱
聯行組合會	伍傑	聯合組長	陶園酒家
	廖源	聯合副組長	仙境社
	李植來	司庫	廣州酒家
導遊組	廖源	組長	仙境社
	黃公俠		新桃源社
	陳五		銀座館社
商業組	伍傑	組長	陶園酒家
	李福來	副組長	廣州酒家
	黎福		金陵酒家
娼寮	歐滿	組長	明月樓
	陳炳		復興樓
	廖新		載花樓

資料來源：《華僑日報》，1942年11月16日，頁4，〈聯行組合會〉條。

---

64 朱益宜：《關愛華人：瑪利諾修女與香港 (1921-1969)》(香港：中華書局，2007年)，頁71-82。

基督教方面，日治政府成立了"香港基督教總會"來管理香港的基督教團體。"香港基督教總會"最初由岡田五作牧師領導，後改由鮫島盛隆牧師接任，執行委員會亦包括多名華人牧師。（見表二）

表二 "香港基督教總會"執行委員會名單

姓名	職位
鮫島盛隆牧師	最高顧問
平岡貞	參議
藤田一郎	
楊少泉醫生	
王愛棠牧師	主席
劉粵聲牧師	副主席
羅彥彬牧師	書記
林植宣	司庫
吳永康	司數
張吉盛	傳道部長
關更有牧師	教務部長
王文光	慈善部長
宋鼎文牧師	財務部長
謝伯昌	社會部長

資料來源：鮫島盛隆著，龔書森譯：《香港回想記：日軍佔領下的香港教會》(香港：基督教文藝出版社，1971 年)，頁 79-80。

　　鮫島盛隆牧師出任"香港基督教總會"最高顧問期間，雖然致力維護香港基督教會權益，但部分教會仍面對教友流失或教堂被封的厄運。位於花園道的聖約翰座堂，因被視為"敵國資產"而被日軍接收，而位於士他令道的九龍城浸信會則險被改作日軍的"慰安所"。[65]與倫敦教會有密切聯繫的中華基督教會合一堂，亦曾受日軍施壓；在眾多會友離開香港的情況下，會友只剩下300多人，只是戰前的十分之三。[66]位於粉嶺的基督教香港崇真會粉嶺崇謙堂和位於銅鑼灣大坑道的聖公會聖馬利亞堂同樣因經費短缺和教友流失而只能恢復崇拜，所有事工計劃被迫擱置。[67]

　　日治政府亦設立了"香港佛教聯合會"來管理香港的佛教，並委派宇津木二秀法師主理，而日籍人士亦加入寺院的管理層。[68]

---

65 鮫島盛隆著，龔書森譯：《香港回想記：日軍佔領下的香港教會》（香港：基督教文藝出版社，1971 年），頁 94-97。

66 劉紹麟：《中華基督教會合一堂史：從一八四三年建基至現代》（香港：中華基督教會合一堂，2003 年），頁 228-230。

67 基督教香港崇真會粉嶺崇謙堂：《基督教香港崇真會粉嶺崇謙堂百周年紀念特刊》（香港：基督教香港崇真會粉嶺崇謙堂，2005 年），頁 15。聖公會聖馬利亞堂：《聖公會聖馬利亞堂九十周年堂慶特刊，1912-2002》（香港：聖公會聖馬利亞堂，2002 年），頁 9。

68 見《華僑日報》，1944 年 2 月 1 日，頁 4，〈荃灣東普陀新方丈宣言〉條。

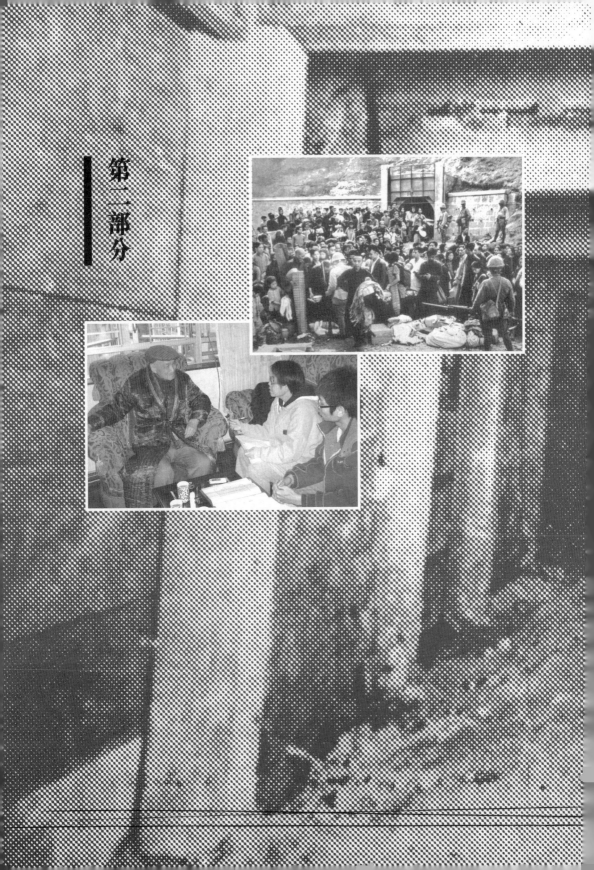

第二部分

日治時期

香港人的口述故事

吳溢興

男，1933年在廣東新會出生，香港索償協會主
席。祖父及父親在香港經商。兩歲由新會來港
定居。遭逢家庭破產及父親去世後，於1946年
返回內地生活，直至1954年才重返香港。日治
時期的三年零八個月在香港度過。日軍進攻香
港時，家住西環第三街。1972年起，擔任香港
索償協會主席。

日軍進攻香港的前夕

那時資訊不如現在發達，電話也不普及。1941年12月8日，有人發佈啟德機場被炸的消息，亦有人聲稱是英軍的軍事演習，情況莫衷一是。後來有人從九龍城步行到市區，把消息宣揚，這才知道，原來不是軍事演習，而是機場的軍事設施被炸。結果市民被嚇得雞飛狗走，有人到學校接子女，有舖頭匆忙關門，有人則搶購糧食，情況相當混亂。

那時的防空洞是由黃泥建成的，警報一響，我便躲進薄扶林道山邊的防空洞，也有段時間在樹下躲藏，最後還是覺得躲在家裏安全。當時遇到防空警報便逃走，如果走不及也會躲在檯底。

日治時期的恐怖生活

日本人打到香港時，街頭街尾都有日本兵駐守，他們三兩個人一隊，拿長槍刺刀在街上巡邏，逐家逐戶搜查。日本兵曾經到我們的舖頭搜尋，用刺刀插穿麻包袋，看看有沒有人匿藏，很可怕。日本兵進入我們的店舖時，幸好我家姐及時躲了上屋頂，但鄰居的婦女卻被他們強姦，她們的家人只能走出屋外哭泣，不願留在屋內，既無助又無奈。當時，女性被強姦的案件非常多。還記得1942年下半年，由於從家裏到三角碼頭不是很遠，我和幾個頑童趁父母不知，便走到三角碼頭蹓躂，看見了日本兵殺害中國人的情況。被殺害的中國人被人用繩綑綁,被逼跪低;日本軍官穿着長管皮靴,用長劍砍殺中國人,手起劍落,血柱橫流,圍觀小童驚叫:"鬼呀!"便慌忙四散,之後則是惡夢連連。

那時在街上行走,如你忘記了向日本兵躬鞠,他們便掌摑你,同時罰企;有一些青年嘗試逃走,日本兵便會開槍射殺。那時的人很慘,生活環境非常惡劣,如人間地獄,性命也是朝不保夕。很多人如到晚上仍音訊全無,家人便知道是凶多吉少了,也不知道在哪裏被殺,對外面的情形所知甚少。

香港索償協會有個會員叫劉蓮妹,家住香港仔,現時過身了。日治時期她的丈夫在西環賣米,賺了錢便買了很多漁船,供漁民出海打魚。日治初期,日本兵看見漁船出海,由於怕人打游

淪陷後的廣州街頭,經過日軍哨站的人都必須向日軍彎腰鞠躬(注意圖右端的行人),香港的情況也不例外。

擊戰，便用快艇追補，並用槍射擊。漁船被截獲後，日本兵便聲言要放火燒船。有些更慘，全船漁民被他們用刺刀刺傷手掌，又把漁民一家像田雞般串起來擲落海，所以當時很多漁船都一去沒回頭，能平安回航的愈來愈少。協會保留了劉蓮妹的口述歷史錄影帶，完整地把她講述當時的情況的片段紀錄了下來。日軍的殘忍，在香港所犯的罪行，有不少正式紀錄。

1941 年在香港附近海域遭日軍截獲，被懷疑偷運物資到內地的船員，面上均流露出驚恐的表情。

欺騙市民去海南島

我們的會員梁海，他的父親在日治時期外出後便再沒回家，原來是被日軍押到海南島做苦工，從此一去不返。幸存的人回港後，都說海南島的生活很悲慘。原來那時日軍在街道上攔截途人，欺騙他們到海南島打工，並誘騙他們可獲發工資，到埗後才發現原來是騙局。女士們都以為到海南島是當護士，因此有很多人受騙了。曾經和我一起游泳的容先生，現在過身了，他曾接受雜誌採訪，提到當時有數以萬計的人被送到海南島做苦工，其中來自香港的有三萬多人，內地則有五萬多人。一位姓白的香港索償協會會員是當中幸存的女性，由海南島回港後，憶述當時被騙到海南島並不是當護士，而是被逼當慰安婦，其後幸存回港的不足30人。香港索償協會的會員大部分都已仙遊，曾被騙到海南島的會員更是所餘無幾了。

日軍的“三光政策”

日軍夏天時穿着黃色的“馬騮衣”，在電影、電視的畫面中也常看到；日軍長官備有配劍，軍人的刺刀通常插在長槍槍嘴那裏，他們要防備游擊隊，經常到處搜查，不單殺人，還放火燒屋。1945年駐守大嶼山的日軍將近投降時，在銀礦灣執行了“三光政策”來圍剿游擊隊：把財物搶光、放火燒光、把人殺光。幸好村後有山，熟路的人都走了，村民差不多都能逃出來，所以被殺的少。後來那些日本學者帶同翻譯來採訪，我便帶他們直接採訪老一輩的會員，由會員向他們講述香港淪陷時期的真實情況，訪問時我也在場。我告訴他們日軍當時是怎樣殘忍、怎樣殺人，他們放火燒了三條村，那是很殘忍的事實。

日治時期的糧食供應

我們一家在日治的三年零八個月中算是很幸運的。我們家是做粉麵的，日軍攻打前，香港政府對香港糧食存量都做了登記，只要登記了就不會被沒收。淪陷後，我們用米磨成漿做腸粉。鄰居的小童餓到腫腳，後來腫到有蒼蠅飛來打都打不走，這個小童不久便死去了，很慘。我們吃飯時不敢打開門，要關門吃飯，偶然煲粥吃每人也只能用湯匙分配分量。

日本兵攻佔香港時，據我所知，英政府庫存的糧食全都被日軍沒收，聽聞是將糧食運往內地。當時全亞洲物資以香港最豐盛，他們遂將大量糧食運往內地及新加坡給日軍作軍糧，香港只餘下少部分糧食，並開始"六兩四"的配給制度。然而"六兩四"制度也未必人人分配得到米糧，當時需要排隊輪候配給，排隊尾的會排不到糧食。有市民不長進插隊的，被日本兵看見就立刻拉出用刀或槍殺死。1941、1942年左右，糧食不夠分配，每人只獲配給"三兩幾"米糧。

三年零八個月期間，糧食不夠，餓死了很多人，有些人便食樹皮，甚至花生麩。[1]吃那些東西會有問題的，因為它們榨了油以後很乾，吃完很口渴，以致不停飲水飲到肚脹。當時的人有吃花生麩的，有吃木薯粉的，也有切了蕉樹內白色的汁液來吃的，因為饑餓便甚麼也拿來吃。後來有大排檔重開，賣糯米卷、鬆糕之類。家人

1　肥料製作過程中，花生榨了油餘下的渣滓便是花生麩。

買到食物後遞給揹在背後的小童吃，就有人在後面搶，搶完也不走，任人毆打，也要把食物塞進口裏。當時餓死了很多小童。

市民的日常生活

街市和墟市賣的東西很少，蔬菜和其他農作物都不是很多。但新界、灣仔、九龍等地，仍有很多地攤。為甚麼呢？有錢人還有能力以高價換取軍票購糧，窮人則因為糧盡，便被逼拿值錢的東西變賣以維持生活。戰前樓宇多為木板樓，有人便拆除樓宇部分木板變賣，供人作為柴火之用，很可憐。這些全是真人真事。

那時流行黑紗綢衣料，質料比較整齊，一般市民因為沒錢所以穿不起，當時很少人有機會做衣服，也沒有新衣服穿，所以故衣買賣便興起。市民為了做成買賣以換取食物，縱使地方偏遠也在所不計，偶然亦會拿到附近的街道賣。當時的人便是這樣維持生活。幸好日軍宣佈投降後，聯合國的戰艦便運麵粉來接濟我們，救了很多人。除派麵粉外，也派奶粉及罐頭等。偶然也有人把吃剩的物資拿到我們的店舖賣，也有人來買物資的，當時來港救濟的聯合國戰艦着實救了很多人。

那時很多醫院都缺乏藥物，庫存不敷應用，附近的贊育醫院仍有私人醫生當值，[2] 不過有沒有藥物和是否有效就不知道了。

2　贊育醫院成立於 1922 年，由倫敦會傳教士創立，是香港第一所華人婦產科醫院。贊育醫院原位於西邊街，1955 年遷往醫院道現址。

1945 年末，紅十字會派發救援物資。

然而也不是全部藥物都沒有，好像還有跌打藥供應；中藥、跌打酒等仍可用上一段時間。由於中藥、跌打酒、跌打藥等均需要往山上採集，而且得來不易，所以到後來也一直缺乏。

交通方面，後期有電車及巴士行走市面，但數量及班次不多。

日治時期家族生意

日本人攻佔香港時，父親及祖父在經營一間粉麵廠，為酒樓、大排檔供應粉麵。粉麵廠旁又經營一間店舖，售賣雜貨、煙仔等。至1945年回內地前，我們交給酒樓的粉麵是記賬形式。淪陷時，賬款變成軍票，軍票在戰後卻變成廢紙，我們破產了，父親便終日鬱鬱寡歡。

父親的舖頭是生產河粉和米粉的，前面提到我們登記了糧食數量後，也沒被沒收。由於淪陷後市面很多店舖都沒有開門營業，所以我們從1942起便大幅減少生產粉麵的數量，雖然生產數量大不如前，但總算能維持買賣，所以我們很幸運。

另外，我們店舖有售賣香煙和酒。記得有一次日本軍官與翻譯經過店舖時見到店內有香煙，便進店要香煙，指指點點一番後，兄長也不知日本軍官要哪一個品牌，他便打我大哥。後來翻譯衝入來把事說清了，把香煙給了他才作罷。我記得那軍官是有配劍的。

盟軍轟炸和日本投降

還記得光復前有盟軍轟炸駐港日軍，不過轟炸地點不一，主要集中在九龍半島，我所居住的西環卻未受威脅。

1942年年底，美國軍機轟炸荔枝角油庫。

還沒有公佈日本投降前，游擊隊已知道日本兵即將宣佈投降，便在橫街貼上"日本仔投降"的字條，由於字條不大，人們對其真假存疑，後來才知道日本兵是真的投降了。和平後，英國重新接管香港，被困在集中營裏的人非常歡喜。由於他們的家人很多都被日軍殺害，被戰爭害得家破人亡，因此都非常痛恨日軍。我看見他們為了表示憤怒，用東西投擲日軍來洩憤。

軍票問題

戰後軍票不再流通，父親便開始每晚數軍票；直至我們準備離開香港前，父親仍舊每晚在床上數軍票。我愈看愈知不妙，便跟兄長說"不好了"，接着父親便因為看不開而病死了，他臨終囑咐我們要向日本人追回這些錢。

父親留下的軍票有18萬多，我們把這個數目登記了。後來我們把部分軍票送給日本及位於蘆溝橋的"中國人民抗日戰爭紀念館"展出，[3]也有部分送給其他地方，所以現在已沒有那麼多了。

日治時期日本政府在港發行的軍票。

3　中國人民抗日戰爭紀念館坐落在北京市，落成於 1987 年。基本陳列由三個綜合館、三個專題館和一個半景畫館組成。

　　我知道戰時父親曾和幾個工人到雪廠街旁邊的橫濱正金銀行兌換軍票，那時一元軍票要以兩元港幣兌換，第一次好像兌了萬多元港幣。到了1942年一元軍票便要用四元港幣才可兌換。為甚麼升了兩倍？公佈說是市面還有很多港幣流通，軍票數量不足，流轉亦不夠；後期因為軍票短缺，便在香港印製，但流通的數量也不夠，所以便要四兌一了。我和日本打官司時，取得日本大藏省和軍部的機密文件，[4] 知道他們原預算十元港幣兌一元軍票，於是便將機密文件呈上法庭。戰時的日本政府原本準備這樣對香港，不過怕來得太急，所以就二兌一、四兌一，直至宣佈戰敗。後來那份文件呈了上法庭，我亦把文件的副本保存下來。香港的傳媒曾向我借閱文件，並全份翻譯刊登，把日本的罪狀公開了。

　　據我所知，日本政府在法庭承認他們戰時發行了19億軍票，[5] 我覺得應該不只這個數字，為甚麼這樣說？當時的台灣兵和日本兵連同家眷，都有帶軍票來港，所以加起來應該不只19億這個數目。大藏省只承認發行了19億，我便以此數目狀告日本政府。我在1993年8月13日入稟狀告他們，至1999年6月17日審結，期間法庭共開庭審議28次，但日本政府總是設置很多關卡、很多難題；所以很多事情都因為日本政府不想賠償而得不到解決。

4　日本大藏省是主管日本財政、金融、稅收的最高行政機關。

5　有關軍票的發行量，可參閱小林英夫、柴田善雅：《日本軍政下の香港》
　　（東京：社會評論社，1996年），頁178。

馬迺光

男，1914年在香港出生，祖籍順德。戰前曾
服務於英國皇家海軍，負責修理魚雷。淪陷期
間生活顛沛流離，其後返回內地曾服務於當地
的英國軍事組織，戰後獲英國政府頒發勳章。

家境貧困，無緣攻讀大學

我的祖母於 1944 年去世。父親比我年長 25 歲，是祖父第四房的獨子。父親年幼時從家鄉來香港讀書，隨後定居香港。他在皇仁書院讀書，[1] 由於受過英語教育，畢業後便在剛創辦的《華僑日報》做記者，直到 1975 年去世為止。

打仗前我住在灣仔，也曾住過銅鑼灣的利園山道、禮頓道和勿地臣街，後來在香港仔住了一段很長的時間。我小時候在中區摩羅廟附近的小學讀書，那是一所政府津貼小學。以前讀書的班級是反過來計的，我從第八班開始讀，然後升上第七班、第六班。讀到第四、五班就轉到灣仔公立學校讀書，校舍就在現在的灣仔街市對面。1930 年，我升讀皇仁書院，皇仁書院的班級分為第三班、第二班和第一班。升到第一班便要參加大學入學考試，及格就可以升讀大學。因家境貧困，我只在皇仁書院讀了兩年書。1932 年，我考入政府做文員後，仍繼續自修。後來考得大學入學資格的成績，每月的工資馬上由 45 五元增加到 75 元。75 元在那時候來說，已經是很多的錢，但我卻始終不夠錢入讀大學。

---

1 皇仁書院前身是中央書院，創立於 1862 年，孫逸仙（孫中山先生）曾於此唸書。1889 年，學校遷往位於中環鴨巴甸街及荷李活道交界的新校舍，校名更改為維多利亞書院。1894 年，校名再更改為皇仁書院。日治期間，皇仁書院被逼停辦，校舍初時更曾成為日軍總部，其後完全被戰火摧毀。重光後，皇仁書院於 1947 年重開。1950 年 9 月 22 日，位於銅鑼灣鄰近維多利亞公園的校舍正式啟用並沿用至今。

投考海軍，改寫人生

　　1935年，駐港的皇家海軍招聘文職人員和技術人員，[2]入職考試主要考英文和數學。我自問微積分底子好，便投考技術人員。當時海軍的工資每月有135元，相當於現在的四萬多元。我當年順利通過考試，成為海軍的技術人員，從此人生完全改寫。

　　我上班的地方是皇家海軍的魚雷廠，專門負責修理魚雷，位置在現時的中港城。[3]我在那裏接受訓練，並負責管理華人員工。當時的管理人員約有七八名，除了我是中國人外，其餘都是英國人。我們負責管理三四百人，修理所有遠東艦隊的魚雷。1939年，我轉職到水底爆破小隊工作，小隊的主要工作是潛入水底放置水雷，和爆破敵方的防衛工具。

　　我在海軍服務時，軍隊已經進入備戰狀態，雖然我屬於非軍事人員，但一樣要穿軍服和配槍，而且需要隨時調動。事實上，1939年日本還未攻打香港的時候，我曾有機會調到英國打仗。當時我隨同香港的英軍前往印度，但途中突然收到軍部的電報，指令中國人不用隨行，並安排船隻把我送回香港。回港後又收到調往新加坡的通知，但最後還是沒有成行。此後，我便一直留在香港。後來就碰上日軍攻打香港的事件；我當時想，去新加坡是死

2　早在19世紀中葉，已有華人為駐紮在珠江河的皇家海軍工作。1905年，駐港皇家海軍為成立"本土登記人員"組別（Locally Enlisted Personnel，簡稱LEP），正式在香港招募華人加入皇家海軍。

3　中港城建成前，該位置為皇家海軍船塢。

淪陷初期中環海軍船塢外。

路一條，去英國的命運也是一樣，留在香港也要面對戰爭的威脅、面對死亡。幸好，我命不該絕。

開戰後的顛沛流離

廣州失陷之後，我已預料日軍會攻打香港。我於 1939 年結婚，女兒於 1940 年出生，一家人住在北角馬寶道一幢房子的四樓，可以眺望啟德機場。1941 年 12 月 8 日早上 8 時，我在家中聽到幾聲巨響，一時不知是甚麼聲音，便隔窗觀看，才知是日本軍機轟炸啟德機場。我知道戰爭已經爆發了，於是立刻趕回魚雷廠報到，之後就不能回家了。我在魚雷廠其實也無事可做，只是看守着魚雷，以防有人偷走。 12 月 10 日，我們收到報告指英國在新加坡的兩艘戰艦被擊沉，包括巡洋艦"卻敵號"（HMS Repulse）和戰列艦"威爾斯親王號"（HMS Prince of Wales）。[4]那一刻我覺得英國的氣數已盡了。那天晚上，我獲准回家探望快要臨盆的太太；但只能在家留一個晚上，第二天又要回到魚雷廠報到。當天早上我 10 時離家，12 時才能到達九龍。坐渡輪的時候，碼頭有警察駐守，要有通行證才可以坐船。回到魚雷廠已差不多下午 1 時，此時收到上級要我們撤退的通知。廠內的人把魚雷廠的機

廣東道海軍油庫中彈燃燒。（佐敦道碼頭旁）

---

4 "卻敵號"和"威爾斯親王號"由海軍上將湯馬士‧菲利普（Admiral Sir Thomas Spencer Vaughan Phillips）指揮，1941 年 12 月初抵達新加坡，用以加強新加坡的防衞能力。第二次世界大戰爆發後，日軍憑着空中優勢，於 1941 年 12 月 10 日在馬來亞外海，將威爾斯親王號及卻敵號擊沉。詳見 Martin Middlebrook and Patrick Mahoney, *Battleship: The Loss of the Prince of Wales and the Repulse*（London: Penguin Group, 1979）。

器合力搬上驅逐艦運走，但還剩下幾十枚魚雷帶不走。為了安全計，我們在魚雷上放了炸藥，準備在我們離開之後引爆。直到下午4時許，我們才登上驅逐艦離開。

我們從魚雷廠前往柴灣，航程原只需大約5至10分鐘。但這次驅逐艦航行速度很慢，行駛了不遠就有炮彈打過來，驅逐艦必須迂迴前進閃避炮火。我們本來好像遊船河般坐在甲板上，但日軍的炮火接連打過來，艦長便命令所有人躲在戰艦的下層。船泊岸後，大家聽到哨子聲便馬上離船上岸。走的時候甚麼也不准帶，連軍備和槍械都不准拿走。到了下午6時許，天已經黑了，指揮官命我們躲在附近一個貨倉裏。但日軍的炮火也一路跟着打過來，大約發了20炮，我們被打中了，12個人裏死了10個，只有我和另一個同胞幸存，但都受了傷。我被炮火打得暈頭轉向，背上流了很多血。我們逃走出貨倉後，四處都找不到人，只好坐在路邊等待救援。後來混亂中有人把我們兩人送到由香港仔工業學校改成的救傷站救治。[5] 第二天早上救傷站便要求我離開，回到自己的部隊，因為病床還要讓給其他傷兵使用。

當時香港已經進入作戰狀態，所有車輛都被徵作軍用。只要穿着軍服，在路上隨時可以把車截停，要去哪裏都可以。我當時

5　香港仔工業學校原名為香港仔兒童工藝院，由鄧肇堅、周峻年及一班熱心人士合共捐出40萬港元作為興建校舍之用。院舍於1935年落成，並交由天主教鮑思高慈幼會（Salesians of Don Bosco）管理。第二次世界大戰前，被徵用作為英國皇家海軍總部及志願部隊之基地，於1941年改為英國皇家海軍傷兵輔助醫院。香港淪陷後，日軍亦曾徵用校舍。

穿着軍服，就在大路上截車回魚雷廠。但回到魚雷廠卻被拒諸門外，我便只好回家。不久日軍登陸香港島，我馬上把所有和英軍有關的東西棄掉，甚至連委任證也不要，因為這些物品如被日軍搜獲的話，我們一家必死無疑。

這時我太太差不多要臨盆，當時我的大女兒只有一兩歲，跟隨外婆居住。由於我老家還有祖母、父母親和姊妹，為了方便照顧，我便把太太送回老家，等待生產。我們在開戰前，買了不少白米和罐頭等食物儲備。12月21日清早，我把太太送到灣仔鵝頸橋的留產所，準備分娩。留產所的助產士是馬來亞人，人品很好，她說我們有錢就給錢，沒錢就拿些米來支付醫藥費。第二天兒子就出生了。12月23日早上6時許，我抱着剛出生的兒子經銅鑼灣霎東街回家，沿途已經有加拿大士兵埋伏。[6] 我用英文跟他們說太太剛生完孩子，他們就讓我通過；我妹妹則扶着我太太緊隨而行。

加拿大皇家來福槍團上士 Bob Clayton 出席 2005 年在西灣國殤紀念墳場舉行的 "香港重光 60 周年紀念活動"。

6　1941 年 11 月，加拿大政府應英國政府要求，派駐兩營陸軍增援香港防衛，共 1,975 人。兩營陸軍包括溫尼伯榴彈兵部隊（Winnipeg Grenadiers）和加拿大皇家來福槍團（Royal Rifles of Canada）。由於大部分士兵並未完成訓練，且缺乏重型武器，最終有 557 人戰死沙場，餘者成為日軍的戰俘。詳見 Brereton Greenhous, "C" Force to Hong Kong: A Canadian Catastrophe 1941-1945（Toronto:Dundurn Press, 1997）。

日本佔領香港後，我的積蓄只剩下 100 多元。淪陷第一個月我不敢輕舉妄動，甚麼地方也不敢去。由於岳丈是永安百貨公司的董事，故此家裏儲有很多糧食。當時他住在跑馬地山光道 21 號，我老家就住在銅鑼灣禮頓道 71 號，步行的話，來回只需 20 分鐘。待兒子滿月後，我便帶着兩個小孩搬到岳丈家居住。那裏地方大些，又有很多罐頭，糧食很充足。

雖然家裏有老有嫩，女眷又多，但也沒有甚麼保護措施。日本人也有到我家裏查看，幸好只是隨便看看便離開。我的老家和外家都沒有被日本人騷擾過。

駐守九龍的英軍在 12 月 11 日撤退了，但日本人要到 12 月 12 日才進城，有些流氓便趁火打劫，自稱為 "保衛隊"，強行向附近的居民要錢。他們一般向人索取 100 至 200 元，看見有錢的人就要 1,000 元。這些 "保衛隊" 也向街上的商店收取保護費，這種情況在香港島就沒有發生過。

日治初期，頭半年市面情況沒有受到很大影響，還有人做生意。當時雖有無線電廣播的技術，但廣播頻道沒有人廣播，故此獲得的新聞資訊不多。由於父親在《華僑日報》工作，[7] 所以我們可以從他口中獲知一些新聞消息。我於農曆正月至二月之間出來找工作，後在中環德輔道一間由朋友開的雜貨店找到一份差使。那時開始有電車行走，但非常擠迫，於是我便用 100 多元買了一

7　《華僑日報》是香港一份發行時間最長的報紙，於 1995 年停刊。日治時期，
　《華僑日報》繼續刊印。

輛自行車代步，天天由跑馬地騎車到中環上班。雜貨店賣高級的菜，也賣啤酒；我四處打探甚麼地方有啤酒賣，然後通通買回雜貨店囤積，再高價賣出去。當時專門經營省港澳客運航線的"白銀丸"，[8] 船上的船員常常來雜貨店買啤酒，雜貨店因而賺了幾千元。

　　當時我們在街上遇見日本人是不需要鞠躬的，但見到站崗的日軍則必須要鞠躬。皇后大道東近司徒拔道，亦即現時鄧肇堅醫院前面的鄧志昂樓便有日軍站崗。我由中環騎着自行車經過時一定要下車，一面扶着自行車，一面鞠躬，鞠完躬才可上車離去，站崗的士兵會向我鞠躬回禮。我住的地方則沒有日軍站崗。當時日本人也聘用香港警察做事，日軍在街上巡邏的時候總會帶着幾個香港警察。

　　當時市面雖仍有電車行走，但巴士則因為全被日軍徵用，所以巴士服務就停頓了。打仗初期由於日軍燒了發電廠，因此導致全香港停電，大約兩星期後才恢復供電。後來也曾經缺煤、缺水，但日本人馬上在別處運煤到香港，盡量為市民提供水電等基本服務。最初市面的情況還不算太壞，後來逐漸有人拿東西到街上擺賣。一般是售賣家裏的東西，例如鐘錶和罐頭等，後來連衣服也賣。當時可以四處擺擋，而且光顧的人也很多。中環士丹利

8　1939 年 3 月，珠江局部開放，日軍控制的廣東內河營運組合即派出"白銀丸"、"廣東丸"兩艘輪船行駛省港線，每三天來往一次。1941 年，日軍佔領香港，日航商獨佔省港澳客運。淪陷期間，日人以"雲陽號"、"白銀丸"等輪船經營省港航線。

街就擠滿了購物的人，後來才有警察來趕。我的自行車也是從街上買來的；買賣的手續很簡單，賣家只要在自行車上張貼出售告示，買賣雙方便可進行買賣。那時候人人都想要自行車代步，所以只要車胎完整，附加一個打氣的氣泵，準能高價賣出。不過，那時候最重要的還是解決吃飯的問題，所以我也不敢亂花錢，除了必須的開支外，把錢全都拿回家買糧食。

我在雜貨店工作了幾個月後，雖然賺了一些錢，但也不夠家庭開支。由於岳丈有幾個物業的住客搬走了，為了減輕我的負擔，他就讓我們一家搬到其中一個物業居住。後來我覺得留在香港也沒有發展機會，於是把自己手裏的錢全留給太太，再問岳丈借了 1,000 元路費，便離開香港到內地尋找機會。

我從香港坐“白銀丸”到廣州灣，再由廣州灣往其他地方，1,000元的路費幾乎都用在交通上。和平後，我從內地返回香港，於 1947 年獲英國政府頒發一枚勳章，勳章由香港總督頒授。[9]

9　編者按：馬迺光在淪陷期間返回內地後，曾服務於當地的英國軍事組織，因此戰後得到英國政府頒授勳章。

梁杏寬

女，1925年於香港出生，開戰後港九奔走尋找避難所，曾在新亞酒店躲藏。日佔後更避走澳門及歸鄉……經歷數年的飄泊生活，1948年和平後才重返香港。

上學途中響警報

　　我生於1925年12月5日，祖籍廣東高要。日治前我和父母、兄長和姪女一起住在九龍深水埗荔枝角道的唐樓二樓。打仗前我曾經在九龍華仁書院當過義工，[1] 負責包裝繡帶。當時打仗的消息已經流傳了很久，父親亦作好打仗的準備，故此，早在澳門租了房子，預備一開戰便全家一起到澳門居住，等到沒事才回香港。後來打仗的消息愈傳愈盛，過了不久，真的打起仗了。

　　1941年12月8日那天，我像平時一樣到中環的庇理羅士學校上學。[2] 我坐船過海的時候，在渡海小輪上聽見警報。回到學校之後，校長叫學生立即回家，因為日本人已經打到來了。當時我才十多歲，不知道發生了甚麼事，只好和幾位同學一起回家。當

1　九龍華仁書院是香港補助學校議會（Grant School Council）22所補助學校之一。第二次世界大戰前，九龍華仁的校舍設於奶路臣街，地點位於現時旺角電腦中心。九龍佐敦柯士甸道103號的校舍為九龍華仁的分校，由嘉利華神父（Rev. Fr. Richard. W. Gallagher, S. J.）主理，在分校上課的多為高年級的學生。1941年12月13日，九龍淪陷後，奶路臣街和柯士甸道的校舍遭到搶掠，九龍華仁被迫封校。日治時期，華仁繼續授課，直至1945年7月1日。

2　庇理羅士女子中學是一所官立女子中學，是由著名的猶太裔慈善家庇理羅士（Emmanual Raphael Belilios）在19世紀末創立。1890年，香港政府設立中央女子學校，為女童提供教育。1893年，庇理羅士捐了25,000港元予中央女子學校，以便學校興建一幢三層高的新校舍。為感謝庇理羅士的捐獻，學校遂以他的名字來命名。

時旺角和深水埗碼頭已停止運營，[3]我們只好到中環天星碼頭乘搭往尖沙咀的渡輪回家。當時馬路上沒有汽車行駛，交通都停頓了。碼頭也實行了燈火管制，賣票的窗戶已經落下了簾子，防止燈光外洩。我回到家裏才知道剛才的警報並不是演習，這時候才感到害怕。

1939 年，協助難民治病的學生。

3　旺角碼頭位於九龍旺角山東街以西，舊油麻地避風塘以北，1924 年 1 月 1 日開始正式提供服務。由於旺角碼頭設施陳舊，油麻地小輪於 1970 年代興建大角咀碼頭，以取代旺角碼頭。深水埗碼頭於 1924 年啟用，於 1992 年 6 月 1 日關閉，現址已填海並已興建成富昌邨。

開戰後到處尋找避難所

開戰的第一晚，我們全家坐船到我兄長和伯父有股份的中環新亞酒店避難。我們暫住在新亞酒店後，覺得酒店似乎不大安全，於是到了居於灣仔的親戚家中住下來。後來又覺得灣仔不安全，便又回到中環新亞酒店附近的酒店宿舍暫住。這樣一住就住到英軍投降，日本佔領香港後才離開。

我記得我們出發往中環新亞酒店的時候，必須路經灣仔溜冰場和一些內街，我看到一些屍體在路旁，我們要越過這些屍體才可以繼續前行。當日本軍隊來到中環的時候，我們全家又曾逃回九龍。我在九龍曾經聽見警報聲及爆炸聲，又進過防空洞。防空洞內漆黑一片的，我們躲在防空洞內直到警報聲停了才出來。我同學的父親是義勇軍，他在香港保衛戰期間壯烈犧牲。

我們在深水埗的家被人搶掠一空，連飯鍋和香爐也被搶去。父親經營的洋紗店當然亦不能幸免，匪徒把洋紗扔到車子上就拿走了。搶東西的人都是一些搗亂分子，他們知道日軍會來侵略，於是乘機搗亂。當時留在香港的人要向日軍申報財產，但我父親已經失去了財產，無可申報。

開戰三四天後，我們全家坐上俗稱"大眼雞"的漁船離開香港，[4] 偷渡到澳門。當時伯父仍然留在香港，店子都交給他打

---

4 "大眼雞"為艚船（木船）的一種。廣東沿海的海船（包括漁船）船頭畫有"龍目"，因此人們俗稱之為"大眼雞"。

俗稱大眼雞的木船設備簡陋，卻是海路歸鄉的主要交通工具。

理。由於好的洋紗衫已經被搶走，父親帶着剩下的洋紗也沒法賣掉。我們逃到澳門後，發覺當地的物資也十分缺乏，只好託一些由香港偷渡到澳門的朋友帶些物資給我們。在澳門居住的時候要交租，當時我們只帶着幾千港元逃難，結果住了六個月之後便要回鄉生活。我們家族在鄉間經營米店和豬肉店，因此不用擔心食的問題。不過，後來日本人攻打大陸時，又攻佔我們家鄉的村子，我們又要走難，令人感到十分害怕和無奈。

戰亂中的幸運兒

淪陷初期，日軍實行糧食配給，還要用軍票，當時因為港幣已經貶值，加上糧食供應短缺，所以有錢也不一定買到白米。輪米是要登記後才能配米的，但因為我們全家住在中環新亞酒店的時候，飲食由酒店供應；後來在親戚家住則由親戚供應，所以我沒有輪過米。反而走難到九龍時，因為所有開銷均要自行負擔，而我們又已一貧如洗，所以沒錢買米和菜，只能靠吃雜糧充饑。有些人沒有糧食便在街上搶。所以跟其他人相比，我們還是比較幸運的。

我住酒店或親戚家時都沒有上街，所以沒有見過日本人，但聽說途人見到日本人如果不行禮就會被虐打。大家生活不好過，凡事只好順從日軍。當時市面情況冷清，街上的店舖都沒有營業。路上也沒有交通工具行駛，四周沒有汽車，又掛滿了標語，上面好像寫着"大東亞共榮圈"的字眼。[5]當時市面沒有娛樂活動，日軍又常常要找"花姑娘"，所以一般人特別是女性都不敢出門，年輕女性更要打扮成老人家的樣子。當時人人的生活都很艱苦，又不可以讀書，我幸好有父母照顧，生活還算過得去。

5　1938年11月，日本政府發表建立《大東亞新秩序》的宣言，欲樹立"中日滿三國相互提攜，建立政治、經濟、文化等方面互助連環的關係"。1940年8月，首相近衛文麿首度明白指出"大東亞共榮圈"的名稱及指明共榮圈內，日本本國與滿洲國、中國為一個經濟共同體。東南亞作為資源供給地區。南太平洋為國防圈。

　　由日本攻打香港，至英軍投降為止，大約20天時間，我一直留在香港，日軍攻佔香港後我們一家才離開。我們在香港走難，首先從九龍到香港島，然後由香港島回到九龍，後來又再回到香港島，最後逃到澳門再返回內地。留在香港最難忘的事情，是害怕成為"花姑娘"，也害怕沒書讀。我在香港和平後，約1948年四、五月之間才從內地回港。

郭玉珍

女，1927年出生，水上人，戰前本已回到岸
上工作，開戰後與父母出海捕魚為生，過着四
海為家的生活。在海上經歷水花四濺、血肉橫
飛的場面……

我是水上人，祖籍中山石岐。父親從事造船、水產買賣和捕魚工作。我在家中排行第二，有一個姐姐、兩個妹妹和四個弟弟。我們家的漁船不會長期停在避風港，而會駛到不同的地方停泊，過着四海為家的生活。我們的船很大，所以一家十口和五男一女的夥計全都可以住在船上。

槍林彈雨中上山避難

我14歲便離開家人上岸工作，當時日軍還沒有攻打香港。我住在香港筲箕灣愛秩序村的木屋，[1] 在"馮強製造樹膠廠"做包裝工人。[2] 因為住的地方距離工廠不遠，所以天天走路上班。在工廠做了幾個月後，便有人說日軍軍機空襲啟德機場。1941年12月8日將近晚上8時的時候，我們在工廠聽到日本仔開始轟炸九龍的消息，弄得人心惶惶。日軍一面攻打九龍，一面轟炸飛機場，一連炸了幾天。他們登陸香港島那天好像是農曆十一月初一，[3] 登陸前不斷從九龍城機場向香港島發炮；他們登陸香港島之後，我居住的木屋中彈失火。木屋失火那晚我走到一家用三合

1　愛秩序村位於筲箕灣愛秩序街的山坡上 (鄰近筲箕灣賽馬會診所)，1976年農曆新年期間，曾發生火災，焚毀木屋千間，3,000多人流離失所。香港政府發展筲箕灣期間，愛秩序村被拆卸重建。

2　馮強製造樹膠廠創辦於1925年，廠址位於筲箕灣道409號，該地段現已改建為住宅樓宇。

3　1941年12月18日，日軍向香港島發動進攻，當日為農曆十月三十日。

土建成的店舖暫避，突然又有炮彈打中鄰近地方引起了火警。這時候山下到處失火，所有人都跑到山上，我也唯有走到筲箕灣柏架山頂暫避。上山時已經很晚了，我就睡在菜田上，那時天空下起毛毛細雨，更覺淒涼。我看見天上的飛機不斷往來，整晚炮彈聲不絕，幸好沒有打中跑到山上躲避的人群。日軍便是在槍林彈雨的環境下，從海路登陸香港島的。

日軍登陸的第二天，山下變得很平靜，一些膽大的男人下山打探消息，確定安全後便叫人下山。下山的路很窄，而且屍橫遍野，沒頭的、沒手的、躺下的、坐着的屍體都有。要走下山就一定要經過這些屍體。我看見連防空洞內也有很多屍體。當時我不夠膽，也不願意進入防空洞避難，因為防空洞內的環境很差，沒有水喝，小孩子又隨處小便，氣味十分難聞。由於居住的木屋已化為烏有，而父親的漁船又駛到內地捕魚，所以我已沒有地方容身。於是我便和一些工友到筲箕灣的 "康元製罐廠" 找一位朋友幫忙，[4] 後來更在那裏住了下來。日軍曾經拿着刀和槍來製罐廠查問，起初我們因為聽不懂他們的話，所以都慌忙躲藏起來。後來有翻譯與他們溝通，才知道他們要搜屋，幸好搜查過後便離開，沒有為難我們。

當時有一位住在香港仔的朋友知道我在筲箕灣無親無故，便帶我到香港仔與她同住。我們從筲箕灣走路到香港仔，走了很多個小時，走到腳都腫了起來。途中經過一個哨站，守兵看到不順

4　康元製罐廠的原址，現已改建為天悅廣場。

香港淪陷後，市民在日軍的監視下離開防空洞。圖中所見，市民都是帶着大包小包走進防空洞，有人甚至連被褥等用品也帶着，以準備在防空洞"居住"。

眼的男人經過便會掌摑他們，然後要他們舉起一塊又長又大的石頭作為懲罰。我走過那個哨站時有一個印度人和一個日本憲兵站崗，[5] 那個印度人懂得説廣東話，他問我年紀多大，又問同行的老人家是我甚麼人；起初印度人不許我們前行，我頓時慌張起來。幸好及後印度人把情況轉告日本憲兵後，那憲兵同意放行，我們才順利通過哨站。當時我只有14歲，外出時用頭髮遮住自己的臉，以避耳目，那次的經歷把我嚇得半死。

5　日治時期，部分曾在英治時期服務於香港警察隊的印裔警察，改為為日治政府服務。

日本人對漁民的殘暴手段

當時很多人選擇回鄉避難，其實內地也一樣是饑荒連連，澳門的米價也很高，香港一擔米甚至要賣1,000元，[6]別人看見你有吃的就會來搶。我們糧食不夠，只好把粟米或蕃薯混和白米一起煮。戰亂時有些人餓得皮黃骨瘦，有人吃樹葉，甚至有人吃人的傳聞，十分可怕。我在戰亂期間大約兩年沒有月經，有人説可能是過度驚慌所致。那時候人人吃粥，我試過吃木薯粉，吃了一次便病了幾個月；又聽説過"神仙糕"這種食物，但卻沒有吃過。還記得有一次有朋友走到柴灣的貨倉搶米，當時我跟着他們一起去，但走到半路跌倒在地上，看見前面躺了一具外國男人的屍體，把我嚇得魂飛魄散，便寧可連米也不要就跑回家。

當時在香港輪米，每人每天只得"六兩四"，還需要米證才成。輪米的規則是先拿米證到指定的店舖取米，次日才繳款，但需繳付多少錢就不記得了。米證是日治政府發給我們的，日本人會登記每區的人口然後才派發米證。由於漁船四處行駛，所以每到一個地方泊岸都要登記。日本人派發的米證，可以買米、罐頭、油和糖等。為了獲取米糧，有些艇家會替日本人工作，主要負責運載軍人和軍用物資。

我在"康元製罐廠"工作了一個月後，父母回來接我上船，我便跟隨父親的漁船四處捕魚。對我們來説，日本人接管香港

6　一擔米約六十公斤。

後，對捕魚業好像沒有特別限制，我們仍然如常出海捕魚。[7] 但日本人很野蠻，有一次一隻日本船隻駛近我們的漁船，居然上船打我父親；他們打我父親時，先打他的胸口，連打幾拳後再用腳踢，父親整個人摔倒在地上，被他們打得死去活來。當時我叫父親不要作聲，以免觸怒他們，最後日本人洩忿後便離開了，這件事到今天我還記得很清楚。另外，我曾親眼看到其他漁船的人與日本人作對，結果被日本人用鐵線綑綁手腳，幾個人一排的扔入海中，很殘忍。這件事發生之後我十分憎恨日本人，故此我從來不吃日本食物。

淪陷期間，香港仔的艇戶被逼掛上日本太陽旗。

7　日治政府曾在香港建立了八個"戎克漁業組合"，以便管理漁業生產。

　　當時香港和華南沿岸均由日本人管治，漁船駛到內地就慘
了，經常受到盟軍飛機轟炸和槍彈的威脅，我們死不去也算走
運。我們的漁船到過內地後又返回長洲泊岸。長洲地方很小，小
時候我曾經在長洲居住和讀書。還記得有一次天氣很好，突然有
飛機飛過長洲上空，我們一抬頭已經看見一枚炸彈從天而降，漁
船停泊的附近海面即時水花四濺，血肉橫飛，我們不知道那天想
轟炸的目標是甚麼，只知道我們當時相當危險。接近和平的時
候，我們把漁船駛到澳門等鄰近地區，日軍飛機會於晚上用機關
槍掃射漁船，我們只好立即躲進船艙。這些經歷令我從小到大都
很怕飛機。

和平後生活重回正軌

　　和平後我又回到了長洲，那裏為慶祝光復燒爆竹燒得很厲
害。澳門也同樣燒爆竹慶祝。當時日本人大多顯得沒精打采。我
其實不太喜歡在船上工作，因為在船上除了捕魚便沒有消遣，於
是和平後我又回到"馮強製造樹膠廠"工作。

黃景添

男，1933年出生，戰時被炮火摧毀了家園，
一家拒絕淪為日軍順民，毅然歸鄉。

戰前的單純生活

日戰前，我居住在西環石塘咀海旁，即今日鄰近寶翠園的舊式唐樓，家居面積頗大，可以用彩色玻璃屏風間隔成四間睡房。當時香港島的人口很少，大概不到20萬，社會環境比較安定，雖然偶爾有劫案發生，但卻很少發生家庭暴力事件。

日軍佔領香港之前，我大約八九歲。當時沒有甚麼消遣，一架玩具車已帶給我很大的樂趣。父親在金陵酒家工作，[1] 我有時候會到酒家探望他，順道吃點東西；很奇怪，今日被視為高檔食品的燕窩，當時是比較容易吃到的。我平時看電影的機會不多，

位於石塘咀山道與德輔道西交界的金陵酒家，於 1928 年已改名為廣州酒家。

1　金陵酒家位於皇后大道西 490 號，現址為新安大廈。

只偶然跟着媽媽看粵劇；放學回家後一般會留在家裏溫習功課，不像現今的學生，有機會學習書法、音樂和參加體育活動等那麼多采多姿。我的日常玩意只不過是跳橡筋繩和捉迷藏這些不用花錢的遊戲而已。

無情炮火，盡毀家園

日軍攻打廣州的消息傳到香港時，我知道英軍開始在跑馬地附近挖掘防空洞，又在現今寶翠園附近設置炮台。[2] 有一天上學途中我聽到警報聲，並且聽聞日軍已經炸毀了啟德機場。我們在石塘咀的家因為鄰近英軍炮台，[3] 所以在日軍侵港後的一兩天，已被炮火波及而燒毀。當時有人趁火打劫，石塘咀附近也沒有防空洞，我們全家唯有躲入金陵酒家躲避。有一次半夜，有日軍用槍撞門，嚷着要找"花姑娘"，氣氛很是可怕。我又親眼看見日軍和賊人在石塘咀保德街上槍戰，日軍當場打死幾個賊人，數小時後才有黑箱車到場運走屍體。

2　卑路乍炮台（Belcher's Battery）建於 1880 年，分上卑路乍炮台（Upper Belcher's Battery）和下卑路乍炮台（Lower Belcher's Battery）。日軍侵港時，上卑路乍炮台已經廢棄多年，下卑路乍炮台則已被改建，配備較新型的大炮。

3　除卑路乍炮台外，英軍在香港島西還設有摩星嶺炮台、祖庇利炮台和松林炮台。

西營盤山坡上的上卑路乍炮台（今寶翠園），攝於 1941 年 12 月底。

英軍在摩星嶺設置的炮台遺址。

後來我們回到家裏察看，發現全家值錢的東西都被人搶掠一空，只好搬到金陵酒家附近居住，後來再搬到上環文咸東街文雅印刷店附近。我在文咸東街曾見過日軍駕駛大巴士在街上強抓男人上車，據說是找苦工擴建啟德機場和海南島機場。[4] 當時每人一日只能配給"六兩四"白米，即大概一餐飯的份量。輪米的地方在海邊，日軍經常借故踢人下海，十分殘暴。日軍又經常抓男人入警察局查問，並施以各種酷刑。我不敢出街，因為日軍的形象很可怕；也沒有上學，但卻有機會學了少許日語，並且開始接觸中國的名著。

日軍佔領香港後改用軍票，父親唯有到錢莊或者跟客人兌換軍票。當時的主要食糧是白米，但每人一天只得"六兩四"，根本不足以飽餐，因此一般會混雜蕃薯一同煮食，偶爾也能吃到鹹魚乾。當時街市已經因為糧食貨源不足而停止營業，日軍又將大量糧食運返日本或者留作自用，所以糧食很短缺。我們一家人很有正義感，不願意光顧黑市市場，事實上黑市的貨物也不多。當時雖然糧食短缺，但由於日軍會以嚴刑來對付搶掠者，故市面很少出現搶奪食物的情況。

4　日軍佔領海南島後，曾致力發展該區。由於需要大量人力，故不斷從其他淪陷區"招工"，再輸送到海南島。

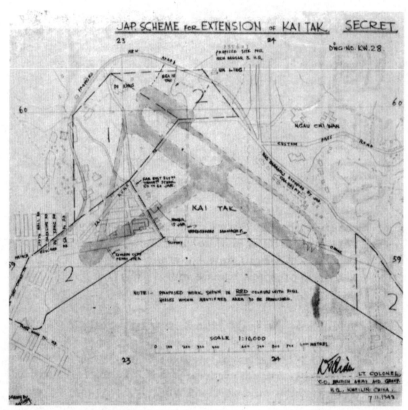

1942 年繪製的啟德機場擴建地圖。

寧歸鄉，不歸順

　　當時我們覺得留在香港的，都是日軍的順民，由於家人不甘淪為順民，於是在我 10 歲的時候，參加了日本人號召的歸鄉計劃。我們一家分三批離港，我是第二批離開的。還記得當時在太

平戲院集合，[5]然後坐俗稱"大眼雞"的船往尖沙咀。下船後沿着
鐵路步行返大陸，沿途在設備很差的旅店住宿。走了兩天後到了
東江，才有機會坐上運鹽的貨車繼續前進。我坐車到韶關的曲江
後成功會合第一批離港的親人，然後輾轉回到廣東福康市定居。
從香港回鄉全程大概四至五天，走難的時候只帶了一些簡單的衣
服離開。

　　日本戰敗投降後，我到了廣州居住和讀書，大約半年後才回
到香港。那時是1946年，香港已經光復了大半年，但物質供應並
不豐富。回港後有機會繼續讀書，父親也回到金陵酒家工作。當
時有專車接送父親上下班，我還記得車牌是"1279"。戰後的樓
宇及人口都沒有現在那麼多，我們住在香港大學正門前的聖安多
尼堂側，和薄扶林道第三街交界的唐樓，該幢唐樓現已改建，面
目全非了。

5　位於西環的太平戲院，始建於1904年，後於1960年代拆卸，現址為創業商場。

鄧德明

男，1933年在中山出生，後隨母來港與父親
團聚。戰亂時被埋瓦礫，父親不幸罹難。後來
母親與外婆歸鄉避難，只剩下他與伯父在港生
活，自此一家各散東西……

因為戰亂八歲才"開筆"

我於 1933 年在中山出生。1935 至 1936 年間我和母親遷居香港，從中山小欖由水客接載至碼頭，然後乘坐外河船出廣州，再轉乘大船來香港。由中山到香港需要四至五天的時間，剛到的時候，我們在旺角滙豐銀行附近的竹棚申請身份證，拿到的是一張綠色的卡。來到香港後，我和父親住在灣仔莊士敦道180號，那裏地舖是我們經營的印務公司，二樓是住宅，我們和伯父一家住在一起，起居飲食都在一起。伯父的名字叫鄧石泉，當時的印務生意由父親和伯父兩兄弟投資，店舖的名字是"華洋中西印刷公司"。

我來香港讀書的時候，日軍已經轟炸了中山和廣州。後來日軍攻打香港的時候就轟炸大埔道和九龍，當時我只有七八歲。日軍轟炸九龍之後，又轟炸香港島。因為戰亂，所以我沒有機會像現時的小孩一樣，從三歲開始入讀幼稚園接受教育，而是八歲才開始讀書。開學讀書我們稱為"開筆"，即抹乾筆才開始寫字的意思。我在灣仔軒尼詩道大同小學就讀，當時學校的規模比現在小，兩個門牌號碼分出四間課室，便是一所學校了。我只讀了兩年小學，日軍便攻打香港，那個年代的人實在不幸。

我住在灣仔的時候，家裏沒有廁所，只有一個馬桶，日常梳洗都會在家中進行，每天早上便有人來清理馬桶。我們住的地方大約有1,000平方呎，有一個客廳、幾個房間和兩個廚房，除了自住外，還多出一間房間作出租之用。店裏的夥計從小在店舖工作，他們都居住在店舖；以前的舊樓房都是下舖上居的形式，地下與二樓之間還有一個專門用來存放雜物的閣樓。

日本人攻打香港的時候，我們用很多板紙和卡紙圍着機器，晚上響警報時我們就從二樓的後樓梯走到底層，然後躲到機器底下，那裏就像一個臨時防空洞。真正的防空洞在灣仔克街，防空洞從克街一直通到皇后大道東 "大佛口" 那裏，[1]這是很遠的一段路程，但現在這段路已經完全封閉了。防空洞內大約只有五至六呎的濶度，沒有電燈，只靠火水燈照明。

位於皇后大道東的防空洞入口。

---

1 位於皇后大道東與軒尼詩道交界的防空洞入口現仍存在。

一家被埋瓦礫，父親罹難

　　1941年12月18日，我們店舖附近被炸彈炸中，雖然炸彈並沒有炸毀我們的店舖，但爆炸的震盪使我們的店舖倒塌下來。那時候一般人住的都是約有三層高的木屋，在街上投下三四枚炸彈便會令房屋倒塌。我們的店舖倒塌當日正是中午時分，約11時左右。我們當時已經趕不及到防空洞，雖然聽到炸彈聲但不敢出外察看，只怕被炸彈的碎片擊中。我們全都躲在機器底下，店舖倒塌後，我們一家和夥計都被倒塌的木板壓着，無法動彈。我們被壓了差不多兩小時，直到解除警報之後消防員才來救我們。由於消防局就在我們家的對面，故此他們很快便來到營救我們，消防員在廚房的後面用鐵筆撬開鐵枝後才能把我們救出來。後來我們知道日本人原來想轟炸消防局，[2] 因為那裏插着一面英國國旗，結果害得我們的樓房倒塌。被壓的時候我們都很辛苦，母親一直捉着我的手。幸好當時投下的不是燃燒彈，不然我們在木造的房子裏一定必死無疑。

　　被困期間我們滿身都是又灰又黃的泥巴，別人只能看見我們的眼睛、鼻子和嘴巴。我們當時都不能張嘴説話，因為身上有很多泥巴和灰塵，就像吃了炒米餅後沒有喝水一樣，嘴巴十分乾涸。當時我們有兩名夥計被太多東西壓着，一時無法搶救出來，

2　消防局的位置位於柯布連道與莊士敦道交界，即修頓體育館現址。

鄧德明的父親在戰亂期間罹難，但卻未能尋回其遺體安葬。（照片由鄧德明先生提供）

大家只好透過木板間的空隙把餅乾和食水傳給他們，結果兩個人被壓了差不多20天才被救出。幸好店內有一部印刷機頂着那些塌下來的木板，否則我們全都會被壓死。我父親因為離開了店舖往外走，結果被炸死。當時政府看到屍體會立即派人到街上收拾，因此我們找不到父親的遺體，也不知道他葬在哪裏。鄰近的店舖亦有20至30人死亡，房屋倒塌後整條街都很臭。伯父在店舖倒塌的時候正好出外公幹而幸免於難。

香港淪陷之後，由於我們聽不懂日本語，所以都不知道日本人要我們做甚麼。當我們沒有聽從他們的吩咐時，他們便會打我們，但我卻沒有看過他們開槍。街道上每天都有棄置的屍體，日軍會在街上強拉數人幫忙，用破門或床板等物件搬運屍體，然後用貨車運走，以免發生霍亂等疫症，那些屍體最後運到甚麼地方則無從稽考。

從印務到釀酒的機遇

1941年底，店舖被炸毀之後，我們便到灣仔行人道的樓梯底暫住，後來再搬到深水埗居住。最初無處容身的時候，我們清理了店舖的泥巴，就在那裏擺賣雜物來維持生活。我們的店舖曾經替人印刷貼在酒瓶上的招牌紙，想不到一年後，伯父和朋友居然在深水埗開了一間賣酒的店舖。他們的酒舖叫"成興酒莊"，除代理岐豐玉米酒外，又賣自己釀造的燒酒。那間酒舖在1943年開始營業，也是下舖上居的形式。1945年日本投降，英國收回香港，當時法例規定一條街道不能夠有兩間店舖領有酒牌，由於店舖所處的北河街已經有另一間店舖拿了酒牌，所以伯父他們拿不到酒牌，便不能繼續營業。

我們當時用酒餅釀酒，酒餅有很多種，我們用的都是正正方方的酒餅。蒸酒的過程是這樣的：我們首先把米放進鍋裏煮，然後用麻布覆蓋着，再放些水進去，水溫一直保持在70度至80度之間，然後讓熱的水蒸氣慢慢流出來，再放些冷水，蒸酒的水溫太熱或太冷都不行。我們會用流出來的熱水洗澡，最後流出來的便是燒酒。我們把酒入瓶後再用沙紙封口，擱上大約半年的時間才賣。蒸酒的容器是特別訂製的，用人手打造而成，尺碼比現買的要大些。以前的人很聰明，器材全都是人手造的，從來沒有使用機器。那時候物資短缺，人們都會拿着酒瓶來買酒，若沒有自攜酒瓶，我們便會收取幾毫子的按瓶費，[3] 下一次他們把酒瓶拿回來便把錢還給他們。在蒸酒之前，一般不會把米清潔，因為這樣釀出來的酒才好喝。最初釀酒和賣酒都沒有太多的限制，後來

3　按瓶費即收取瓶子的押金，回瓶時將押金退回。

就要向衛生局或稅務局申請酒牌。[4] 我們釀酒的米，都是從黑市中購買得來。一般會用紅米來蒸燒酒，因為紅米賣得很便宜。除了用米來釀酒外，有時也會用爛南瓜和蕃薯來釀成糖酒。當時無論用哪種材料釀酒，製成品都能夠賣出去。

我們在深水步賣酒的生意很不穩定。北河街附近有個市場，有人從市場過來買酒，也有些人從很遠的地方來買酒，有時買一斤，有時買半斤。但當時有些人很貪心，由於我們的店舖有酒的樣板提供，有些婆婆會用細小的酒杯試飲不同的酒，試完之後只會買四兩。以前很少人喝啤酒，大多數人都喝米酒，即使擺喜酒也是喝米酒的。

我們在深水埗北河街的地舖很大，店舖的樓房有三層高，差不多有2,000呎，舖面賣酒，舖後是酒倉，另外還有閣樓可以間隔成兩間房間。以前的房屋比較便宜，所以在灣仔的房屋一般都有1,000呎，這才足夠讓兩家人一起居住，還能夠有多餘的房間出租。房屋更可以闢為工廠。我們做印務的時候，店舖內有六七部機器，如切紙機，啤機和壓縮機等。

那時的日軍都是瘋瘋癲癲的。我們的店舖沒有鐵欄，每天關門的時候才會裝上木門，到第二天早上開門時便把木門拆下。那些日軍會在午夜的時候拆走木門然後入店內拿燒酒喝。我們都十分害怕，不知道他們在說甚麼，只能用手勢溝通。他們只喝甜的糯米酒，喝完便會離開，但有時會拿一瓶回去。他們有時一個月

4　日治時期，售賣酒精飲料需要受到“酒精含有飲料稅令”規管。

來一次，有時兩個月才來一次，很難預計，但一般都是半夜才會過來。我聽說有些女孩子晚上不敢出街，而住在日軍總部附近的女孩子更會塗黑自己的臉。我沒有看過這些女孩子，只聽夥計和伯父説過。

我到深水埗居住的時候有上學讀書，不過只是插班生，而且不定期上課，我只讀了半年便輟學。那學校就在南昌街，一班大約有30人，全校只有二至三位老師。我們只學習中文和簡單的加減算術，只得兩三本教科書而已。

佈告（一）

皇軍警備為治安上之關係、對一般店舖或民家之注意、若是皇軍警備隊到者、即時開門、若延遲是防害者、當局看做有抱敵意、絕對處罰、

一月廿七日　北警備隊長

日軍張貼公告，聲稱因治安之關係，和對店舖和民家之注意，會隨時進行搜查，市民需要即時開門，不得延誤，否則便會受到處罰。所以一般人雖然對日軍的搜查感到害怕，但也不敢違抗。

上課時每人拿着一本叫做"論文"的課本，每一頁需要用上兩天的時間教授。我們一天有六節課，上午四節，下午兩節。每天8時便上學，中午有一至兩個小時吃午飯，約下午4時便會下課。學校看見日圓的價值不斷下跌，於是學費不收現金，改為收取五斤白米當一個月的學費，我們每到交學費的日子就用一個口袋盛着白米回校。

糧食短缺，日子難捱

當時食物短缺，有人在春園街用黑豆煮羊肉來賣，傳聞羊肉裏有小孩子的肉或手指；那時候傳聞有很多小販賣小孩子的肉，但他們都會説是羊肉。當時我有吃過"神仙糕"這種食物，它的做法是首先用糯米蒸成糕狀，然後切成三角形，再用菜油炸。"神仙糕"有點五香粉的味道，有點鹹又有點脆，一般都是擺在街邊賣，在馬路旁邊炸邊賣。當時是戰爭時期，根本不知道人間何世，也不大注重甚麼節日，只要有食物吃，能夠生存下來，能夠看見日出日落，已覺得很好很幸運了。當時甚麼肉類都沒有，豬肉和魚都很少，有米飯吃已經覺得足夠。

日軍佔領香港之後封鎖了貨倉，把內裏的物資都拿走了。人們沒有米可吃便吃木薯粉，但吃了會口腫、臉腫和腳腫。那時我們都很害怕，因為有很多人都沒有食物。我記得九歲那年，坐在店舖門前吃飯的時候，突然有人搶走我的飯碗，然後邊跑邊用手抓飯吃。我們一邊追打他，他仍然一邊吃着那碗飯。其實那些人的生活環境比我們更差，大多沒有飯吃，而且全都是男的。女的不會搶，所以她們很多都會餓死街頭。

我伯母有兩個女兒，加上祖母和我一家，一共八個人住在一起。日軍佔領香港之後，雖然香港只有幾十萬人，但糧食仍然不夠，所以要疏散部分人回鄉。有些人被送回廣州，這樣起碼有生存的希望，不用留在香港等餓死。父親死了以後，母親、祖母和伯母便返回內地，只剩下我跟着伯父在港生活。其後我跟着伯父搬到深水埗居住，不夠糧食的時候便把蕃薯、胡豆、黑豆和飯混在一起吃。當時我們有一張米票換取糧食，只要從米紙上撕下一角，便能用錢換米，每人每日限買"六両四"。我們要到很遠的店舖換米，而且米舖的門口很狹窄，裏面設有鐵欄防止有人搶米。

1945年的時候米價最貴，由於沒有足夠的白米供應，深水埗的基隆街、大南街和鴨寮街都有很多人炒賣白米。上午賣150元的白米，下午就變成180元，第二天早上可能又回落到120元。當時大家都習慣用麵粉袋盛米，不捨得吃的便會把米賣出去。日本人在香港印的軍票都沒有號碼，初期軍票的價值很高，但後來貶值了很多。那時候日本差不多要投降，軍票已經不值錢，所以大家只好用米來進行買賣。

日軍的殘暴手段

區內的深水埗警署並沒有很大變遷，當時日治政府亦有招募香港人當警察。深水埗警署對面的鴨寮街有一個慰安區，在警署後面有一個集中營，[5] 日軍用來囚禁英軍俘虜。每天早上8時便有兩個日軍領着約100名英國戰俘步出集中營，兩個持槍日軍會守

5　深水埗集中營前身為英軍軍營，位於長沙灣道，現已改建成麗閣邨。

着隊伍的前面和後面，帶領戰俘拿着鐵鏟和鋤頭步行到界限街工作。他們由深水埗荔枝角道步行到界限街，然後再到九龍城，大約下午5時才會回來。那些戰俘都是穿着軍服的，但衣服十分霉爛。他們看起來好像生了病似的，有的更走不動路而被放到車上，由其他戰俘推着回集中營。戰俘每天都要工作但不會逃走，因為如果離開了隊伍，日軍便會開槍射殺他們，所以根本不能動。有些戰俘會被日軍用繩綁着手腳，然後綁在樹上灌水。水灌得差不多便把人倒轉，使他們嘔出水來，十分殘忍。[6]

位於荔枝角道的深水埗警署。日治時期，在警署後面有一個集中營，日軍用作囚禁英軍俘虜。

6　拘押在集中營的戰俘都受到不同程度的傷害，部分戰俘更被送往日本從事勞動工作。詳見Charles G. Rowland, *Long Night's Journey into Day: Prisoners of War in Hong Kong and Japan, 1941-1945*（Waterloo, Ont.: Wilfrid Laurier University Press, 2001）.

日治初期，有很多搶劫案發生。我們遇上劫匪的時候都會拿着各式各樣的碟子，一起在街上大聲拍打碟子並大叫“有人打劫”。這方法可以嚇走劫匪，使他們不敢過來。日軍也在街上站崗和在街頭巷尾搜途人身。一般人如果不服從站崗的日軍或是聽不懂他們的語言，便會被他們抽打，甚至被摔倒在地。有些華人在集中營替日本人工作，我不知道能否稱他們為漢奸，日本軍人每天會給他們白米作為工資。那些都是日本米，不是中國米。

石硤尾有一條客家村，那裏有一條明渠，村民會把收成到的西洋菜拿到南昌街賣。當時物資缺乏，甚麼東西都會有人拿出來賣，例如食物、醬油、舊衣褲和舊傢俱等。這些物品大多是街上執拾回來，或是從死人身上檢回來的東西，那些人把物品清潔之後再拿出來賣，居然有人願意買這些東西。我在灣仔莊士敦道賣雜貨也有半年的時間，做完買賣後便乘船回深水埗北河街。當時在街上擺賣的規矩並不嚴格，街上沒有太多日軍，日軍也不會經常巡邏。我們所乘的渡輪跟現在的差不多，只是稍微小一點，路上的公共汽車則比較少，香港無論在戰前或戰後都有電車行駛。由於當時九龍沒有公共汽車，我們買貨的時候，夥計會用幾個籮盛着貨物乘船回來。

日治期間，盟軍軍機亦曾轟炸停泊在維多利亞港的日本戰艦，我們都有去湊熱鬧，即使戰機投下炸彈，我也不怕。其實盟軍轟炸香港的時侯也有響警報，但後來我們習慣了警報的聲音，都沒有走避了。有時盟軍投擲炸彈投得不是很準確，會投到街道或其他地方，所以其實也很危險。

和平以後

　　和平以後，則是日軍被送進集中營，每天早上都拿着工具由英軍帶領着去工作。日本人被送進集中營之後，我們便不再感到害怕。日本投降，我們一家沒有慶祝。我們認為一個政權轉到另一個政權的時候，社會秩序會比較混亂，我們只希望有人能夠保護我們。所以在英軍登陸香港之後，我們把十多張10元紙幣綁在竹枝上，用一個盤盛着放在門前。盤裏還放了生菜。"黑道中人"的醒獅隊來"採青"之後，[7] 便不會有人來家裏搗亂和搶劫。

1945 年 9 月，香港居民在中環木球會外，參與慶祝大戰結束的巡遊活動。

---

7 "採青"，主要是取其有"生猛"的意頭，生意興隆的象徵。"青"是把生菜及紅封包懸掛起來，獅在"青"前舞動數回，然後一躍而起，把青菜一口"吃"掉和"咬碎吐出"，再向大家致意。

　　日軍戰敗後，母親曾經回來過香港，但後來因為住不慣，還是回到中山小欖居住。我後來搬到皇后大道西居住，並且開始讀書。1946年，香港政府透過報紙宣佈可以申請賠償，我們便到郵政局拿登記表格申請賠償，政府發回一張紙作為證明，但結果仍然是不了了之。

錢福注

男，1929年在香港出生及定居，祖籍廣東三
水縣。由於生於中產家庭，故於日治期間未嘗
輪米滋味，後來家族廠房被日軍洗劫一空。雖
然戰後曾循法律途徑向日本政府索償，但最後
還是不得要領。

中產家庭中接受良好教育

我出生那年剛好是華爾街發生股災的一年。[1]父親育有我和弟弟兩名兒子,他和伯父兄弟倆從三水到香港發展後,在西環石塘咀德輔道西404號成立"昌興和機器製罐廠"。[2]當時家裏有一個順德馬姐,即是"梳起唔嫁"那種家傭,我已記不起她的名字,只記得我們都稱她為"五家"。我幾歲大的時候她已經在家裏幫忙,一直到日本人投降前才離開,做了十多年。最初她與我們一起住在家裏,後來因為糧食供應緊張,我們便不再僱用她了。

現年80歲的錢福注,述説日治時期的遭遇。

1　1929年全球經濟大蕭條,同年10月發生了令人恐慌的華爾街股市暴跌事件。
2　"昌興和機器製罐廠"創立於1926年,1930年代中期有員工130人。

我出生後居住在德輔道西 336 號，那是一幢四層高的樓宇，我們住在三樓，實用面積約 800 呎，有兩房一廳，還有工人房，走廊近大門處還可加鋪一張床。當時這種四層高的樓宇整幢售價約 16 萬，每個單位售價約兩萬，不容易負擔。我們住的單位是租的，當時租房也要由銀行擔保。

家裏認為培正學校質素很好，於是讓我到何文田窩打老道的培正學校讀書。[3] 上課的時間大約是半小時一節課，課堂之間有五分鐘的休息時間。我小學六年級的時候曾經在學校寄宿，小學畢業後直接升讀培正中學。

日本佔領香港的時候我只有 13 歲。其實日軍在 1937 年攻打廣州的時候，父親曾安排我們一家搬到澳門暫避，半年後才回到香港。1941 年夏天，英軍已經在西區石塘咀用磚頭砌出一個炮台，德輔道西的 "7 號差館" 門前也堆滿白色的沙包。[4] 1941 年 12 月 8 日，日軍攻打香港，當時情況十分混亂。我只知道香港總督楊慕琦投降，然後辭職，並且發表講話，然後我們就看到日軍接收 "7 號差館"。

淪陷之後，父親認為上學就是要讀日文，所以不讓我們上學讀書，也不讓我們上街。後來市面回復平靜，我們才有機會上

3　香港培正中學位九龍何文田培正道 20 號，由香港浸信會聯會創辦。1933 年，廣州培正中學在香港創立香港培正中學的分校。1941 年香港淪陷時，學校一度停辦，直至 1945 年才復課。

4　早年香港島上的警署曾有一套號碼制度，在此制度下先後共有九間警署落成。位於德輔道西與西邊街交界的 "7 號差館" 現稱為西區警署。

街。那時候在第四街有間私塾，我們兄弟倆就到私塾上課，和大約10位南北行的少東一起讀書，他們都是潮州或汕尾人。私塾離家很近，我們來回都是走路，不用坐車。在私塾讀書要交學費，用的都是軍票，我們因為家境富裕，才有能力負擔，但我相信一般工人都負擔不起。當時的教科書是《論語》和《孟子》，又學作文。我在私塾上了一年的課。私塾其實是不合法的，不過日本人很重視教育，他們還會另外分配糧食給有地位的學者，所以當時並沒有取締私塾。

身處 "避難所" ，未嘗輪米滋味

我們有個同鄉叫鄧以勤，他在日本東京大學讀書時認識了一個日本朋友，那個朋友恰好是駐守西區的司令官。1942年入冬的時候，我們請鄧以勤帶那位司令官朋友來家裏吃飯，司令官把副官和兩個衞兵都帶來。他來吃飯的時候穿着一身軍官的制服，還帶着配劍，副官和兩個衞兵則帶着槍。父親特別開了一支白馬威士忌請他們喝，並在席間請求司令官不要滋擾西區的市民。

日治時期，我沒有聽過防空警報。1942到1943年間，間或有盟軍的飛機轟炸香港。由於父親在戰前已供應鐵罐給馬寶山公司，[5] 彼此相熟，故此在盟軍轟炸期間，父親就僱一輛 "白牌

---

5 "馬寶山糖果餅乾有限公司" 創立於1929年，1930年代中葉已有員工300人。日治時期，總店設於興發街40號；支店設於東昭和通（德輔道中）293號。

1930 年代的日本東京大學正門。

車"送我們到銅鑼灣避風塘附近的馬寶山公司避難。[6]馬寶山公司在日治時期還有營業,他們賣的不是軍用品,所以能逃過被封的厄運。馬寶山公司的地窖貨倉很大,當時沒有其他公司有這樣的地窖可以充當避難所,所以除了公司的員工和親屬外,很多與馬寶山公司有交情的人都走到那裏避難,公司的地窖遂變成了防空洞。

我們知道要打仗,早就儲備了糧食。父親的製罐廠當時放了一包包的白米,吩咐工人拿着棍棒守着大門,以防有人搶奪。當時糧食是很重要的東西,除了白米,我們還儲存了罐頭,存量足

6　無牌收費載客汽車稱為"白牌車"。

夠支持一年多的生活。我因為年紀小，家人不讓外出，因此沒有親身體會過輪米的滋味。

當時用的是軍票，軍票兌換港幣大約一兌四。由於父親和東亞銀行創辦人之一的李氏家族認識，[7]所以軍票好像全都在東亞銀行兌換。當時如果家裏藏有港幣，是會被殺頭的，但我們也冒險藏了一些港幣在櫃底和床底等地方，要是我們認識的那個司令官不再駐守西區，我們藏起的港幣就有可能被日軍搜到。

家族廠房被日軍洗劫一空

父親的工廠在日本人到來的時候被封了，大門上封了木板。我不記得是海軍還是陸軍來封的，只記得木板上寫有漢字。店舖封了之後只容許工廠的幾個工人離開，外人不許進入工廠。父親唯有將工人遣散，讓他們各自歸鄉。由於父親曾任三屆香港三水同鄉會會長，所以工人多數是三水的同鄉，而且大部分姓錢，工廠本來有差不多 100 名工人，封廠之後只剩下三名工人。

大約在1942年年中至年底之間，日本人將我們工廠的白鐵管原料搬走。我們負責到工廠看着他們搬貨，記下日本人搬走原料的時間和數量。我天天到工廠看着日軍搬走甚麼箱子，點算後大概有一萬件貨物，裝成約900箱被他們搬走了。工廠裏還有很多

7　東亞銀行由簡東浦、李冠春、周壽臣和馮平山等華商於 1918 年在香港成立，是目前香港最有規模（獨立）的華資銀行。

機器,最初日軍並無理會這些機器,後來工廠的貨物被搬得差不多的時候,機器和其他組件也開始被拆走。到1943年末,日本人已經找來拆樓師傅預備拆廠,我還記得我們和拆樓師傅聊天和打廈爐的情景。如果日本人遲些投降的話,相信整間工廠都會拆掉成為日軍的軍備和建材。

日治時期糧食短缺,每人每日配給"六両四"白米,所以有很多人挨餓,有人甚至吃人。有一次我走在西環正街,看到街上有一個屍體給人割了大腿的肉。我家附近從未見過這種事情發生,這可能是我家和日軍長官有來往的關係吧。除了米要配給外,油和糖也需要配給。由於我們會光顧黑市,所以沒有買這些配給品,但知道排隊買配給品的人龍很長。以前因為煮飯時旁邊的人總會嚷着:"好啦!唔好落咁多米和油呀!"所以煮一餐飯我們稱之為"喝采"。

街上有小販賣一種俗稱"神仙糕"的糕點。類似鬆糕的"神仙糕"略帶鹹味,可以充饑。另外又有小販賣生果、爆谷和煎堆等。我聽説也有人在街上賣舊衣。市面還有電車、巴士和三輪車行走。當時香港的糧食根本不夠養活所有市民,於是日治政府實行歸鄉政策,要求香港人回鄉。

日治時期我除了上學外,整天都留在家裏,僅有的娛樂是聽收音機或看報紙。[8]當時日治政府不許市民收聽國際新聞,我們便

---

8 1942年2月下旬,香港佔領地總督部成立"放送局",負責廣播事務。電台廣播節目包括粵樂、洋樂、日文課本等等。報刊有《華僑日報》、《南華日報》、《新東亞》、《大同畫報》等等。

在家偷聽用粵語廣播的地下電台。當時能夠兩餐溫飽已經心滿意足，所以父親從來沒有帶我上街飲茶或吃飯，每到節日如端午節和中秋節，我們都不會慶祝，即使是過農曆新年也沒有買新衣。

日治時期經常實施燈火管制，晚上要關燈，聽收音機也要調低聲浪，街上很平靜，沒有發生甚麼特別事故，我亦從未見過日本憲兵在西區打人，只曾見過家對面的西部倉庫，有小偷偷東西的時候被日本憲兵槍殺，但卻未見過日軍在街上殺人。我知道日軍在香港島的大浪灣殺了很多人。另外，我又曾聽一位太太說過，中環近西區那邊有人被日軍斬頭。我目睹過1943年到1944年盟軍轟炸香港的情形，當時轟炸相當頻密，近"7號差館"的木屋全都被震至倒塌。

佛山淪陷期間被日軍憲兵捉拿的"竊賊"，大都難逃一死。香港的情況亦大同小異，被逮捕的小偷通常都會就地正法。

追討欠款，不得要領

我們的工廠封閉之後，唯有靠積蓄過活，另外，父親和朋友合作經營日用品貿易以維持生計，買賣的物品之中以衣服的生意最理想。父親後來又到澳門做類似水貨的買賣，有一次父親因為走水貨被日本人查出，結果被打了一頓，水貨都充公了。日本人搬走了我們的白鐵後承諾分三期付款給我們，我記得日治政府支付第一期的貨款有三萬多元的軍票。那時的軍票很值錢，父親有了錢就不用再走水貨，最後我們還剩下 3,000 多元的軍票。後兩期的錢還未支付日本已經投降，我們曾經找律師替我們向日本政府索償，但最後還是不得要領。

當父親看到工廠快被日本人拆掉時，認為我們已經走上絕路，便決定離開香港。所以日治的後期我們一家已預備歸鄉，父親要我們分頭走，好解決生活的問題。他要我們熟讀孫子兵法，他自己準備到四川從軍；弟弟則要跟着母親回到母親的家鄉順德，結果全家因為父親患上肝病而沒有成行。父親生病之後向專醫肝病的西醫溫植慶先生求診，最初被安排送進養和醫院醫治，但因為身體太虛弱無法做手術，於是搬到銅鑼灣耀華街休養，後來情況轉壞便送到附近的聖保祿醫院。1945 年 8 月 15 日，日本投降的時候，父親已病入膏肓，我們都沒有心情慶祝，不久父親就去世了。

陳永嫻

女，1925年在廣州出生，蘆溝橋事變後，於
1939年與家人逃難到香港。日治期間在那打素
醫院接受護理訓練，見證醫院英日管理層的權
力交替⋯⋯

　　我是廣東南海西樵人，在廣州出生。在廣州讀中一時，北京發生"蘆溝橋事變"，我和家人便逃難來香港。後來我在香港那打素醫院當護士學生，[1]那時日本還未進攻香港。

日治時那打素醫院管理層的權力更替

　　進入醫院工作之初，包括我在內就讀一年級的護士學生有六個人。當時大家對醫護工作還是一知半解，穿上制服，便被人帶到病房工作。有些被派到三樓，有些被派到四樓，有些被派到五樓，全都分開了。我站在病房沒人分配工作，其他人則忙得不得了。由於我不懂得醫護工作，便只好負責搬運屏風等簡單任務。那打素醫院的護士學生制服顏色介於淡咖啡色與黃色之間，戴白色的護士帽；已經畢業的護士穿白色的制服，配上藍腰帶；護士長則穿白制服和白腰帶。那時的制服供應充足，沒有短缺問題。

　　日治初期，那打素醫院有一位日籍護士長和一位中國護士長一起工作。大約過了三個月，醫院又派了三位約30歲的護士來管理內科、外科和兒科的樓層。她們來的目的究竟是監督我們還是管理我們，我也不大清楚，只覺得她們人品不錯，一直和我們一起工作。我們都叫她們做 sister，以前我還記得她們的名字，現在

1　雅麗氏何妙齡那打素醫院（Alice Ho Miu Ling Nethersole Hospital，簡稱"那打素醫院"），於1887年由前倫敦傳道會（London Missionary Society）創立，是一間公立醫院。

已不記得了。那時那打素醫院除了就讀一年級的六位護士學生外，還有其他班別的護士學生及各部門的護士約 30 人。

日本人將英治時代的二年級和三年級的護士學生，都合併在一年級之中重新訓練，所以我畢業的時候一共有十多人。那時日本的醫學技術已經非常先進，所以日治時代的學護訓練課程很艱深，三年的課程要學習的醫學知識很豐富。教授我們的醫生有日本人，也有華人。華人醫生就用粵語授課，日籍醫生則用日文授課，藥理學一律用日文。因為上課和工作上的溝通大多用日文，所以我們當時還要學習日文。不過我們有一種很傻的想法，認為學日文的就是漢奸，是向日本人投降，因此大家都不願意學，還故意不上日文課。不過，不上課又不懂，所以也不敢溜課太多。由於沒有花心思去學習，因此日文始終學得不好。我當時自己抄錄了一本藥物名稱記事簿，是一些用日文寫的筆記，可是現在已看不明白內容了。

英治時期，那打素的婦產科很有名，但打仗的時候卻停頓了。看婦產科的病人便轉到贊育醫院醫治。[2] 當時那打素醫院本有不少外國來的護士長和護士，但在日治時期他們都被關押在拘留營。[3] 醫院沒人管理，日治政府就指派著名的婦產科醫生胡惠

2　位於香港島西營盤的贊育醫院是香港第一所華人婦產科醫院，醫院由倫敦會傳教士創立於 1922 年。除提供婦產科服務外，亦致力培育華人助產士。

3　赤柱拘留營是香港日治時期日軍轄下的平民拘留營之一，用作拘留非華人的日本敵國僑民。拘留營位於赤柱監獄宿舍一帶。

德出任代院長。[4]

日籍院長醫術高明

　　我在那打素工作了三個月之後，日籍院長和日籍護士長便來了。院長叫橫井憲一，住在羅便臣道78號一幢有法式露台的大宿舍，宿舍外有石級從馬路直通到宿舍大門。院長是一個很有本事的婦產科醫生，以前做子宮切除手術，多數要剖腹，但他的醫術已經高明到可以由陰道取出子宮切除，大大減少了腹膜炎或其他炎症的感染機會。院長的醫術好，對我們也很好，很愛護中國人。

　　日籍護士長到任不久就懷孕了，於是只能坐在辦公室工作。她生了兒子之後，我們經常看見她在醫院餵奶。她請滿月酒時，每班要派一名代表去參加，我被選為班代表到她家出席晚宴。護士長住在羅便臣道宿舍的一樓，她擔心有人會酒後生事，於是讓我和幾個女護士坐近樓梯位置，又特意安排一位男職員、一位男醫生和一位男藥劑師坐在我們前面負責保護我們。當晚護士長請我們吃魚生，那時我們覺得吃生魚很可怕。

　　日治的時候市面有很多擺賣舊貨的攤檔，除了故衣，還有很

4　胡惠德醫生早年畢業於倫敦米杜塞斯醫院（Middlesex Hospital），在外科醫生賓特－蘇旦爵士（Sir John Bland-Sutton）和布尼醫生（Dr. Victor Bonney）指導下進修婦產科。

多其他如傢俱、茶具等東西，總之是家裏多餘的物件都被人拿到街上擺賣。另外，因為糧食短缺，市民都將家裏稍為漂亮的銅器和瓷器等賣掉，以換錢購買糧食。那時我在那打素醫院工作，生活比較安定，故此沒有參與這種買賣。不過，我家裏三代人住在一起，有老有少，又有幾名工人，我知道家裏的老人家因為節儉和湊熱鬧，曾和工人拿東西到街上擺賣。家裏的表姑婆就曾把家裏比較漂亮的衣服拿去賣。

醫院私藏米糧險被查出

一打仗就鬧饑荒，就要儲糧。由於大家不知道甚麼時候才打完仗，因此所有機構都要儲糧，那打素醫院也不例外。戰前的英治政府有為醫院和病人供應糧食，我們就把糧食儲存在六樓。六樓是兒童病房，走廊盡頭處有個房間放了一袋袋的白米，數量很多。後來日治政府下令，要各機構上繳全部糧食。我們的護士長覺得把糧食上繳對醫院很不利，於是就冒險繼續把米糧儲存在六樓的房間。我們也不知內情，只知道那裏有很多東西。後來有一日，有日本憲兵來搜查醫院，所有人都很緊張。一隊一隊的憲兵拿着槍四處搜查，護士長用被單、毛氈等覆蓋着那些糧食。我知道將有重大的事情發生，心裏很驚慌。護士長和我們說她要跟憲兵上樓，如果個多小時後仍不下來，就表示有事發生。她着我們在下面祈禱，那時我還沒有信奉基督教，只知道全部人都很緊張地祈禱。大約一小時後，護士長下來了，我們歡喜得不得了。原來白米放在六樓，從一樓到六樓要搜很多層才到，結果憲兵還未搜到六樓就走了。我們這時候才知道原來那裏收藏了白米。

又有一日，護士長要我們在宿舍和其他高級職員一起祈禱，我那時剛剛信奉基督教，知道要全部人一起祈禱是一件很嚴肅的事。原來護士長要和院長坦白交代白米的事情，她說在醫院儲存白米，不是為自己，而是為病人和員工。她又說不能再隱瞞不報，而且這麼大的責任也不能一個人承擔。日籍院長明白了情況後，說他會負起這個責任，並向上級報告。於是我們就逃過了一個大難。

淪陷不久，糧食短缺，市民紛紛搶購糧食，當時很多醫院都出現糧食不足的問題。此圖攝於銅鑼灣。

重光日畢業，英人重新接管醫院

那打素醫院本來有很多外國人，院長、護士長和一些醫生都是英國人。日本統治香港的時候，大部分敵國僑民都被送到赤柱的拘留營。拘留營的生活很艱苦，也要做很多體力勞動的工作。我聽聞其中一名醫生負責在營內的廚房當廚工，另一名醫生專門做掃地和洗廁所等雜務，而他們的太太也在拘留營裏生活。[5] 由於我們和他們也有些交情，我知道護士長和年紀大的職員，常常帶東西去探望他們。聽説每次都只能在限定時間探訪，而且進出營區都要接受格嚴搜查，不是甚麼東西都可以帶進去的。其實當時我們自己的糧食也不夠吃，所以也不能帶太多食物接濟他們。我當時只有十多歲，而且是學生，所以從來沒有到拘留營探望過這些醫生。日本投降後，這批曾被拘留的醫生都被送返英國休養，1946年後才返回香港復職。[6]

日治末期，我們偷聽收音機知道日本已經在8月15日投降了。1945年8月15日至30日期間，醫院運作如常，日本人和華人都沒有甚麼表示，其實那時候我們已經畢業了。1945年8月

---

5 關於赤柱拘留營的生活，可參考 Geoffrey Charles Emerson, *Hong Kong Internment, 1942-1945: Life in the Japanese Civilian Camp in Stanley*（Hong Kong: Hong Kong University Press, 2008）.

6 1947年返回香港復職的醫生包括晏樹庭醫生（Dr. Frank R. Ashton）、司徒蓮醫生（Dr. Annie Sydenham）和王慕德女士（Maud Ward）。

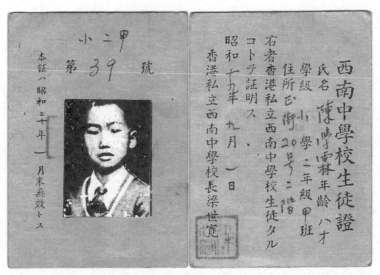

除了護士課程的畢業證書外，一般學生證也使用日語及日本年號。昭和十九年即
1944年。（照片由陳學霖教授提供）

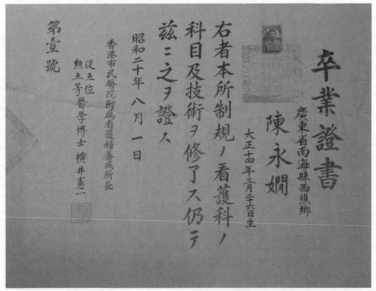

陳永嫻在日治期間修畢的護士課程證書，證書的簽發人為日籍院長橫井憲一。
（照片由陳永嫻女士提供）

31日，我們稱為重光日。日籍院長安排在那天為我們舉行畢業禮，我們都穿上日治時期的護士制服。畢業禮完成之後，我們就見證着那打素醫院隆重的交接儀式，原英籍院長回來，在日籍院長手上收回印鑑，重新管理那打素醫院。[7]交接完畢之後，在那打素醫院工作的日本人全部被送進集中營。這儀式讓我覺得又驚又喜。

　　英國人從集中營回來之後，不承認我們在1945年8月31日獲取的文憑，故此我們要重新考試，由一年級課程至三年級課程的內容均要考試。這次考試要連考幾天，通過之後再獲發一張由英國護士局頒發的文憑。於是我們有兩張護士文憑，一張是日本頒發的，一張是英國頒發的。

7　從日方手上接管醫院的是晏樹庭醫生。晏樹庭醫生出生於印度，1926年抵達香港，加盟雅麗氏何妙齡那打素醫院。

鄭秀鸞

女，1920年在香港出生，曾在上海加入新四軍，後因避難來到香港。香港抗戰期間，在廣華醫院當護士，目睹很多別人看不到的戰爭慘況。任職護士期間，曾暗中支援東江縱隊……和平後繼續在廣華醫院服務，見證了醫院的變遷，1996年正式退休。

由新四軍到護士的歷程

我在香港出生，父親以前在香港做大生意。我差不多五六歲的時候隨父親到上海生活。小學和中學的時光都在上海度過，中學畢業後進入護士學校讀書。讀了大概一年多的護士課程，便決定離家投軍救國。那時候的年輕人認為最重要的事情是打敗日本人，我們覺得要為國家做事，不必顧及自己的家。我到蘇北參加了"新四軍"，[1] 負責救護工作。1941 年我離開"新四軍"回到上海，父親怕我再次投軍，而且認為日本人不會攻打香港，便把我送到香港。

我在香港有姑媽和堂姐，由於她們以前曾得到爸爸的照顧，所以爸爸叫我來到香港之後，可以投靠姑媽和堂姐們。那時候香港的環境還是很好的，雖然上海正在打仗，但沒有人會想到日本人會來攻打香港。由於我們在香港還有一些財產，也有一些親戚可以投靠，所以父親覺得我還是來香港比較好。抵港後，我住在彌敦道一幢舊樓的四樓，位置在新華戲院附近，[2] 那時候附近還有間"美味餐廳"。彌敦道當時沒有太多建築物，我記得住所附

---

1 "國民革命軍新編第四軍"（簡稱"新四軍"）。1936 年底，西安事變之後，中國共產黨和中國國民黨決定建立抗日民族統一戰線。1937 年 7 月，抗日戰爭全面爆發。同年 10 月，江西、福建、廣東、湖南、湖北、河南、浙江、安徽等八省的紅軍和游擊隊整編為"國民革命軍新編第四軍"。

2 新華戲院位於旺角亞皆老街與西洋菜街交界，即旺角中心現址。新華戲院由一名居港的巴西籍人士興建，1940 年 10 月 20 日開業。

近有間神召會,該教會在一棟矮小的房子內。當時彌敦道與亞皆老街交界全都是這樣的房子,並沒有現在般繁榮。

我來香港不久便找到了一份秘書的工作,是當中華民國教育總長劉哲先生的秘書。[3]劉哲是個老頭,他有很多日記和文章,要找個女孩子幫他抄寫。他為了訓練我抄寫日記的技巧,定出要到重慶受訓的聘用條件。那時候很多女孩都從未坐過飛機,我聽到可以坐飛機,心裏高興死了。誰知一切都安排好了,姑媽和大哥卻反對。他們認為人人都只願做和平鴿,不願做亂世民,哪有這麼笨跑到重慶去的?他們無論如何都不讓我去,我便只好留下來。我後來想到協恩中學讀書,又去廣華醫院投考護士,[4]總之就是到處找尋機會。因為姑媽和廣華醫院工作的人很熟,於是我順利考進了廣華醫院當護士。

1930 年廣華醫院的外貌。

3　劉哲,字敬輿,吉林永吉人。1900 年考入北京大學師範科,後轉入北京大學文科學習,26 歲畢業。劉哲早年宦遊外地,先在北京政府任民國教育總長,後遷往南京政府任監察院副院長。

4　廣華醫院成立於 1911 年,是東華三院的重要旗下成員機構之一。1921 年11 月,廣華醫院首次招收護士練習生接受訓練和實習,為東華三院首次訓練護士。

後來同父異母的妹妹也當上了護士，並跟着我到廣華醫院做事，她還未畢業就結婚了。和我一起來香港的哥哥最慘，他在日治的時候找不到工作，只好回上海找機會。

記得那時候上海街有很多賣故衣的攤販，我便買些故衣和蚊帳給哥哥帶着上路。另外，我把唯一的一張毛氈也給了他。有了蚊帳、毛氈、藥物，還有些錢，哥哥便由香港走路回上海。沒想到他在途中患上了肺癆，經過了四個月的旅程，回到上海時已身無分文了。

流氓呼喊"勝利"為名，搶劫為實

我在廣華醫院才工作了一個月，日本便攻打香港。日軍最初向啟德機場投擲炸彈，我們還以為是演習。當時我的妹妹在協恩中學上學，[5] 看到了事發的經過。開戰之後，我被迫留在廣華醫院，直至戰事完結為止。剛開戰的時候很亂，人人都為了糧食的問題四處奔走，有時甚至你爭我奪，一些流氓更趁火打劫。廣華醫院對面有一間衛生局，裏面俗稱"老鼠王"的清道夫就曾經連同醫院裏的害群之馬，還有街邊開賭檔的男人一起打家劫舍。他們打劫的時候口裏喊着"勝利"。有些人被這些流氓打劫了多次，便在門外寫上："被勝利了多次，即被劫了多次，甚麼都沒

5　協恩中學位於馬頭圍農圃道1號，於1936年創校，是香港聖公會轄下一所女子中學。

有了。"那時候他們大多搶劫白米、罐頭、首飾和金錢等，一般只是搶光你的東西，很少打死人的。

我們都很害怕這些流氓，當夜更時看見男工打開一張裝滿金銀首飾的被單，我們就假裝沒看見，繼續做自己的事。我們睡覺的時候不會脫去鞋襪，還會穿着衣服，以備萬一發生甚麼事時，可以立即逃跑。那時候聽說日本人四處找"花姑娘"，連護士也不放過，我們便用鍋底的污垢把臉擦黑，又向醫院裏的工人借了一些黑衫、黑褲穿上，把自己弄得邋邋遢遢，以免引起日軍的注意。

戰爭爆發後數天，九龍就淪陷了。日軍也曾經進入廣華醫院搗亂，有的一進門就搶鋼筆和手錶。不過，這種情況很快就受到控制，因為有些較為高級的將領看管着這些士兵。我們在廣華醫院也聽到炮火聲，不過並不頻密，而且多數是從九龍向香港島方向炮轟，很少從香港島向九龍炮轟的。

醫院人力、物力嚴重不足

戰亂的時候要照顧大量的病人很不容易，不過我們年輕人一心為國，又痛恨日本人，因此非常愛惜病人。後來盟軍轟炸香港，幾乎摧毀了整個灣仔，又摧毀了油麻地一半的地方。但我們不會到防空洞避險，只會如常做事，因為離開了崗位就沒有人照顧病人。那時候我們最辛苦，工作最忙，每天死亡的人數很多。當值的時候，不管在甚麼情況下都會留在病房，堅守護士的崗位。情況壞的時候，醫院完全沒有藥物供應，但我們還是很盡責地照顧病人。每次當值12小時真的很累，而且吃得不好，心裏很不好受。

　　醫院曾在空地上搭建一些我們叫"阿房宮"的棚子來安置病人，被安置在那裏的病人多數患有痢疾，[6]當時痢疾是無藥可救的。病人最多的時候，棚子裏容納了差不多200名病人，不但一張病床要睡兩名病人，連地下也睡滿病人。當時每更只有兩名護士值班，不但要工作12小時，由於負責雜務的工人不夠，護士還要兼顧很多其他工作，除了量體溫和配藥之外，病人的大小便、嘔吐物全都由護士協助處理，忙的時候甚至有病人去世，也沒被人發現。醫院內除了患痢疾的病人外，還有其他病人，多數是因為營養不良導致腳腫得不似人形的病人，這種病叫腳氣病。[7]還有很多舌頭潰爛的病人，也是因為缺少維生素 B1 和 B2 而導致的，他們的舌頭爛到連話都不能說。這幾種病人是最普遍的，也是最慘的。其實我們應該給他們餵食有營養的東西，但因為資源短缺而辦不到。情況比較好的時候，醫院會有雞蛋供應，我們把雞蛋黃打勻後蒸熟，餵給爛舌的病人吃。腳氣病的病人也間中有藥物治療。

6　痢疾，是一種傳染病。病徵包括腹瀉、腹痛、發熱等等。

7　腳氣病是一種由缺乏維生素 B1 引起的疾病，病徵包括體重下降、精神萎靡、感官功能衰退、間歇性心律失常等等。

　　戰時藥物供應非常缺乏，直到和平之後，還有人從軍艦偷藥物出來向醫院兜售。醫院的經費都是靠街坊和政府支持。日本人在戰事期間不斷向醫院施壓。護士長告訴我，醫院的華人院長曾被日本人施以"灌水刑"，後來更被日本人監禁起來，放出來時被折磨得不似人形。當時廣華醫院有一個很大的花園，日本人相信盟軍不會轟炸醫院，便把軍火收藏在醫院的花圃下，上面種些蕃薯藤來作掩護。那時候護士對這些事毫不知情，是護士長後來告訴我們的。

　　那時候有很多黑市藥物交易，曾有傳言指有些商販在黑市販賣假的盤尼西林。[8] 盤尼西林對醫院來說，是一種很重要的藥物。記得有一天晚上，我在小兒科值班，當時已超過了晚上 12 點，醫院接收了一個大概六個月大的男嬰，男嬰的母親是我一個朋友的妻子，她說孩子快沒救了，請求醫院接收。她把孩子放下，甚麼也沒說就走了。我心裏很難過，因為知道救活男嬰的機會很微，但又很想幫助他。就在我偶然打開藥櫃之際，發現了一瓶盤尼西林，當時這是很貴的西藥。仔細一看，那瓶藥本是替另一病人注射的，但我知道這個病人已經死了。由於這瓶盤尼西林是水劑，所以再不用就會失效。我當時沒經過醫生或其他人的批

8　盤尼西林（或稱青霉素）是一種在細菌細胞的繁殖期起殺菌作用的抗生素。是英國倫敦大學細菌學教授弗萊明（Sir Alexander Fleming）在 1928 年發現具有殺菌作用，1938 年由麻省理工學院的錢恩（Earnest Chain）、弗洛里（Howard Florey）及希特利（Norman Heatley）領導的團隊提煉出來的。他們三人因此共同獲得了 1945 年諾貝爾獎。

1944年美機轟炸在港內停泊的日本船舶。

准，就大膽地替我朋友的兒子注射盤尼西林，每次值班都替他注射兩針，大概注射了兩瓶的盤尼西林後，這個男嬰的病情便好轉了，直至現在他還活着。

我們工作最忙的日子是盟軍全面轟炸香港的時候，那時候藥物很少，但病人很多。由於被送進醫院的病人不是斷肢，就是頭破，所以特別需要的是有止痛功效的嗎啡。[9] 手術室當值的醫生所穿着的塑膠圍裙，都染滿傷者的血。由於轟炸引致大規模的樓房倒塌，不少人因為樓房倒塌而被壓傷。醫生工作量繁重，很多時都要連續工作10小時以上。此外，傷者都是由"老鼠王"搜索

---

9 嗎啡是一種精神科藥物，具有鎮痛效果，所以在戰爭期間，軍醫經常使用嗎啡為傷兵止痛。

出來的，部分沒有良心的"老鼠王"，會偷走傷者身上的東西，再把他們送來醫院。

領取雙份配米成小富婆

日治時期的生活很困難，大家最關心的就是糧食的問題。日治時期和剛剛和平的時候，是醫院經費最拮据的時候。那時候醫院已經沒有柴可燒，甚至連竹子也燒光了。廣華醫院裏很多樹木都被砍下來，用作燃料煮飯或煮粥給病人和醫護人員吃。當時不但缺乏燃料，連食物供應也缺乏。日本人控制了米的供應，我們的工資是發白米不是發錢，而且是每天發。那時候，每個人都拿着一個枕頭袋上班，下班時誰的枕頭袋裏放的米最多、枕頭袋最滿，就代表哪個人最有錢。

領取米糧的時間也有限定，在限定時間內一定要領，領米時還要帶同自己的身份證。因為我在醫院工作，所以會在醫院領取米糧，後來有一段時間按區域劃分，我就到旺角領米。宿舍內我們每個人的床底都有一個米缸，由於我的米缸的米比別人多，所以其他人覺得我很有錢。其實我有這麼多白米，是有特別原因的：一個人身故後，身份證是要作廢的，但那時候民間有些類似街坊福利會的組織擁有很大權力，我認識其中一個管理身份證的人，他暗地裏把死去的人的身份證給我。我就可以拿着兩張身份證領取雙份米糧，所以那時候我算是個小富婆。

醫院裏吃飯的安排是這樣的：我們每次都要把洗乾淨的白米放到燉盅，再放在消毒醫療器具的蒸鍋裏蒸熟。有錢的就可以在飯裏放些臘腸或其他東西，沒錢的唯有吃白米飯，有些人真的連鹹菜也吃不起。

我記得那時候市面上沒有汽油售賣，我男朋友就把汽車改裝成可用木炭來推動的木炭車。他知道元朗有人宰豬售賣，他便開車往元朗買肥豬肉給我吃。我每次提着肥豬肉回醫院時，宿舍的同事都會說："哎呀，鄭秀鸞有豬肉吃啦。"我會把肥豬肉切開分給其他同事吃，十分開心。

從日本人統治的時代一直到和平，一般市民生活都是相當困苦，每個人都在掙扎求生，用錢也很緊。有時屍體在街上放了一天之後，可能會發現屍體少了幾塊肉，甚麼事都會發生。我算很幸運，在醫院當值時是"九五班"，即上午9時至下午5時值班，因此我可以下班後"掃街市"。那時候的街市就在現時的窩打老道油麻地果欄的位置。[10]以前那裏是菜欄，還有人擺賣魚類等。

那時候在街上會有小販擺賣，擺賣會分幾個時段進行，而且早上擺攤子的人和下午擺攤子的人都不一樣。當時有很多故衣攤，除了城裏的人會買故衣外，回內地的人也會買故衣。戰時你可以隨便在長沙灣道、亞皆老街、油麻地和上海街等擺賣東西，

---

10 油麻地果欄建於 1913 年，位於九龍油麻地，北臨窩打老道，南抵石龍街，西為渡船街，東為新填地街。油麻地果欄已被古物諮詢委員會列為三級歷史建築。

只要拿一張紙或被單鋪在地上，就可以進行買賣。家庭用品、衣服，甚麼都有，有點像現在的鴨寮街，滿街擺攤子，滿街都是小販。由於醫院有糧食供應，所以我的生活還算過得去，但一般人的經濟來源就是拿家裏的東西出去賣，或把買回來的東西易手圖利，亦有人把貨物轉售內地。所以我們的褲子爛了也不捨得扔掉，希望能好好利用，只要乾淨就行，破爛都不要緊。

高壓下的娛樂節目

剛打仗的時候，日本人強迫我們用兩元多港幣兌換一元日本軍票。日本人投降後，軍票作廢，但又不能換回港幣，故此有很多人破產，很多人沒錢買食物，大家的生活都很困難。權力交接的時候，那些"大天二"和黑社會等敗類開設賭檔，[11]在街市照樣開賭。

日治時期街道上會有人監視市民的活動。我從廣華醫院走路回姑媽家時，沿途會看見日軍站崗。日軍站崗的時候會突然喝停你，那你就要停下來站在一旁，運氣好的話，你只需站着；倒霉的話，你就要蹲着等他們發落。他們覺得你蹲着還不夠的話，便要你揪耳朵，甚或要你跪地求饒。我有一次揪耳朵的經驗：記得那天剛和同事趕着回廣華醫院上班，在轉彎處，也就是現在救世

---

11 "大天二"，此名出自古代中國傳統骨牌遊戲"牌九"。後來發展為民間俗語，以"大天二"借喻為橫行惡霸的角色。

軍的斜對面，日軍忽然叫我們停下來，要我們揪耳朵及蹲下。那次我真的很害怕，還以為說幾句日語，表明身份，就是給他們面子，就可以順利過關。誰知我向日軍說了一句"我是講漢語的"後，他卻"哇"的一聲向着我吼叫，我當時動也不敢動，更不敢反駁。這遭遇至今仍然歷歷在目。

日治時期的日常生活很平淡，從廣華醫院出去就是上海街，沿着窩打老道一直走，就是買菜的地方，每日的活動範圍就是這幾個地方。除此之外，下班後有時會到旺角溜冰場運動一下。[12]那時候溜冰場就是年輕人的遊樂場所，由於哥哥在戰前也在香港島經營"仙樂溜冰場"，所以我年輕時很喜歡溜冰。除了溜冰之外，日治時期還有些人會在遊樂場唱歌，他們會在遊樂場擺放一些桌子，又會搭建木舞台，讓歌手在舞台上唱歌，舞台下的人就品茗聽歌。此外，上映的電影也很多，大部分是國語電影，不過我很少入場觀看。

1942年的《香島日報》，報導很多有關日本對外發動進攻的消息。

---

12 旺角溜冰場位於亞皆老街與彌敦道交界，現已改建成旺角滙豐大廈。

醫院有訂閱報紙，有時我自己也會買，不過很多人不願意閱讀親日的報紙，尤其我曾在國內從軍，看到這些報紙的報道後，心裏會憤憤不平。

缺乏互信的人際關係

我知道或親歷過一些日治時期的負面事件。當時有些密探幫日本人做事，便利用特權侵吞市民財產，結果發了大財。當時有很多人想返回內地避難，逃難時把財物全都藏在身上或者衣服裏。這些密探壞極了，他們會搜查準備回鄉的船隻，而且志不在檢查船艙，而是向回鄉的人說："我懷疑你的衣服裏藏有違禁品，你要留下身上的衣服。"當時很多回鄉的人都是這樣被密探侵吞了全家的財產。我記得和平之後，好像有多個密探被人揭穿罪行，被香港政府處決。我還記得其中一個密探的名字叫黃佐治。[13]

戰爭期間，廣華醫院附近很清靜，除了對面的衛生局外，就只有一座水塘山。醫院近彌敦道那側是剖屍房，除此之外就沒有

---

13 黃佐治曾為日本憲兵隊總部的密偵首領，戰後和其他五名密偵在香港受到審判。黃佐治一案於 1946 年 2 月 19 日開審，他被控"自 1941 年 12 月 12 日至 1945 年 5 月 3 日，當英皇與日皇及居民在公開作戰時期，竭力為本港及屬土之敵人，盡忠效力，而背叛英皇。"該案件於 1946 年 4 月 19 日在高等法院審結，36 項叛逆附敵罪名成立，判處死刑。

戰亂時，很多人在東方煙廠被日軍殺死。戰後初期的東方煙廠，只剩下外牆。

其他建築物了。我住的宿舍向着東方街，可以看到水塘山，當時的樓房最高只有三層。廣華街對面是東方煙廠，日本人在那裏打死很多偷煙的人。打仗的時候，煙是很值錢的。煙廠外牆有條鐵樓梯，好像有五層樓高。偷煙的人爬上鐵樓梯，日本人就在下面開槍，偷煙的人便連人帶煙掉下來。甚至有日本人捉到偷煙的人以後，會在地下挖個洞，讓偷煙的人跪在洞的旁邊，再用刀刺他。待偷煙的人跌進洞裏，日本人就找人封了洞口。日本人很殘忍。由於我經常在醫院裏到處跑，所以看到很多其他人看不到的事情。驗屍房和垃圾房正好對着東方煙廠，這些事情我都是在驗屍房和垃圾房看到的。常到這些地方是因為我很喜歡那裏的一棵龍眼樹，我跟園丁頗熟絡，所以他經常摘龍眼給我吃，當時覺得那裏的龍眼都很甜。

日本人來了以後，我們做很多事情都有所顧忌。由於害怕別人把自己的事情揭露出來，即使朋友間聊天的時候都很有保留，人與人之間來往都比較虛偽，不敢直接把心事講出來。我很喜歡看書，收藏了一本內容有關共產黨二萬五千里長征的書。有一次有人通傳說有位男士來宿舍探望我，由於我當時沒有交男朋友，亦從來沒有男人來宿舍探望我，便害怕起來。我暗惴可能是那些密探來找麻煩了，於是馬上把那本書撕爛，然後把書放在洗臉盤燒掉。我一面燒書，一面去應門。原來是病人的父親來探望我，他為了感謝我曾經救了他兩個兒子，特意帶了些食物來看望我的。我還記得他帶來的是一包餅乾和兩條香蕉，這些東西的價值，比現在送你一隻鑽石手鐲還要了不起。我已經把那本書燒光了，心裏很不舒服。

這名男士的兩個兒子都患了腸胃病，被送進醫院後還不斷發高燒，體溫超過104度。醫院那時候可憐得連治病的藥物都沒有。由於這兩個小孩子的神志不大清醒，我們要替他們穿上帆布衣，以防止他們在床上亂滾。我被派去照顧他們，初時對他們的病情也束手無策，後來我想出給他們飲用鹽水的方法來醫治。我在一碗水中混和一勺鹽，鹽水的比例與消毒鹽一樣，然後一勺一勺地給兩兄弟餵鹽水。過了兩個星期之後，他們竟然痊癒了。當時廣華醫院給人的印象是十名病人中會有八名死去，最多只有兩名病人可以順利出院。這是因為進廣華醫院是不用付錢的，所以醫院的設備相對簡陋，只要有點錢的人都不會進廣華醫院，只有窮病交迫，大家都覺得沒有希望的人才會進廣華醫院。有些小孩子發燒發得厲害，看過很多醫生都沒法醫治，才會抱來廣華醫院。我很欣慰，在沒有藥物的情況下，我做了一件在護士生涯中，值得紀念的一件好事。另一個值得紀念的原因，是那兩個孩子的父親帶了食物給我，以表示謝意。

支援東江縱隊問心無愧

在護士的工作方面，我覺得我犯了些"錯誤"。當時東江縱隊很需要藥物，我一直有暗中支援他們。為了拿藥物方便點，我便和藥房的職員做朋友，還跟他上街和看電影。故此醫生寫給我的藥單，本來只能拿一包藥，藥房的朋友會給我兩包，或者兩包半，甚至三包。我亦曾拿過些嗎啡給東江縱隊使用。此外，東江縱隊會把受傷的隊員送來廣華醫院，我和隊員之間會用很小的紙條來傳話，小得像香煙盒裏的薄紙，寫完之後搓成一小粒，然後放在指間彈給對方，或者直接放到對方的手上來傳遞訊息。東江縱隊的人會告訴我今天誰會來，是甚麼病和要幹些甚麼等等，我便依照指示做。

其實接濟東江縱隊時，我的心情是戰戰兢兢和很害怕的，因為日本人有很多探子。有時候自己回想起來，雖然自己可能犯了

1941 年 8 月在香港出版的一份雜誌封面，號召市民同心抗日。

錯，但我一個人的錯，卻救贖了很多人，而且我是中國人，我只是憑良心救國，又怎能算犯錯呢？那時候真的沒甚麼機會祈禱，有時候也怕招人話柄，所以我很少在別人面前祈禱，只會在心裏希望神給我指示。

相知好友各有發展

我是 1941 年加入廣華醫院，一直到 1996 年才退休，總共在醫院工作了 55 年。當時和我一起在廣華醫院學習的同學有 17

人，完成學業後從事醫務工作的不夠 10 位。這 10 人當中，有些人去世了，有些人病了，還有一些人去了其他地方繼續護士生涯。其中三位和我一樣留在香港，我們一直都是好朋友。

在廣華醫院裏，有些醫護人員被日本人號召到海南島醫治瘧疾病人，後來有很特別的發展。那時候日本人會多發差不多一倍的薪金給他們，一部分薪金可以發放給他們在香港的家人，另一部分則留給他們在當地使用，而且日本人答應讓他們吃得好、住得好。所以很多醫生護士都被號召到海南島工作，有些甚至是很著名的醫生。其實當時我也有機會到那裏發展，但基於種種原因，最後還是留在香港。

那些從海南島回來的人，有些非常富有，有些則去了外國生活。我曾經探望一個曾經長期留在海南島工作的同事，她是我最好的朋友。雖然她到現在還未結婚，但很幸運地進了一間設備很好且令她生活得很快樂的老人院。另外，我的同學、同事和很多東江縱隊的隊員，都曾經在廣州擔任團級以上的職位。國家對他們相當好，每個人都有自己的房子，退休之後又可以連升三級，可以說是安居樂業了。

以前和我一起工作的護士長，現在已經差不多 90 歲了，她身體很虛弱。她年輕時很忠於工作，從戰前開始在廣華醫院工作，一直到三四年前才退休。那時候她對我們很嚴厲、很兇，但正是她嚴謹和認真的態度，才把我們訓練成為專業的醫護人員。我知道她很多次對我手下留情，我犯的錯，她是知道的，但她裝作不知道，所以我很感謝她。

勝利了！勝利了！日本人投降了

　　1945 年 8 月某天，有人在宿舍大喊："勝利了！"我們就知道日軍已經投降了。那時候每個人甚麼也顧不上，只管說"勝利了！勝利了！日本人投降了。"日軍在 8 月 15 日投降，英軍要到 8 月 30 日才抵達香港，中間有 15 日的真空期。那時候"大天二"又出來了，所以市面又亂七八糟；他們有點像現在的黑社會，我們連上街也不敢。英軍進駐香港後，廣華醫院的改變不是很大，醫院的運作一直沒有間斷。那時候經濟不好，我們曾在街頭賣花

1945 年 9 月，英軍在九龍半島舉行軍樂巡遊，慶祝大戰結束。

籌款。當時每個人都親力親為，醫院內還有牌匾紀錄了捐款人士的名字。廣華醫院是靠街坊捐獻營運的醫院，光復後，起初由街坊籌募經費，後來則有總理捐錢和參與行政工作，政府也一直有提供財政支持。所以我們的薪金、膳食，為病人提供的服務，都得到改善，而且很少出現藥物短缺的情況。這可以歸功於香港人的群策群力、互相幫助的精神。

我在日治那幾年的經歷真的很悲慘，所以很珍惜戰後的和平歲月。20多歲的青春歲月應該是最開心的年代，也是最有機會接受教育的年代，可是我的黃金歲月全都斷送在日本人手裏。我當時有一位要好的男朋友，且已到了談婚論嫁的年齡，但不幸的是在光復前約兩個月，他被日軍殺死了。

汪女士

女，1917 年在香港出生及長大，原在港任教
幼稚園。開戰後曾在街上擺地攤售賣馬拉糕和
鷹粟粉等食物。隨後冒着戰火，以上門教授外
國人中文維持生計……

警報響起，情勢危急

我自小在香港長大。日軍佔領香港前，我在九龍塘學校任教幼稚園。[1] 在打仗之前，香港已經常常有警報演習，當時四周都設有防空洞，以備日軍轟炸時，市民有藏身之所。打仗時我曾看見日軍的飛機轟炸九龍城。

日軍在 1941 年 12 月 8 日開始攻打香港。當日早上 7 時，我乘坐巴士到金巴倫道，下車時突然響起警報，和我一起回校的兩名學生都害怕起來，走在我們前面的人都伏在地上。我卻以為只是警報演習，還安慰兩名學生。回到學校才由黃澤南校長口中得知日軍打到香港來了。校長吩咐老師要照顧和保護學生，暫時不能離開學校。當時我開始擔心家裏的情況，直至 11 時許，警報停止後，學生才紛紛離校。有些學生不能自行回家，校長便吩咐老師帶着居住在附近的學生回家，直至現時我猶記得當時和另一位老師帶着學生回家的情況。

我回家後看見媽媽、姐姐和工人拿着行李準備離開。幸好他們要等的車還未到，所以才能等及我回家一起走。我們上車後，決定先前往姐姐及妹妹在彌敦道開設的店舖暫避。大概下午 3 點，我們看見樓上的鄰居開始離開。縱然媽媽病倒了，我們仍決

1　九龍塘學校由黃澤南先生於 1936 年創辦，並擔任董事及校長。學校開辦初期，租用金巴倫道一所房屋作校舍，1940 年遷入位於九龍塘金巴倫道 2721 地段的校址上課。

定轉往親戚在旺角開的文具店暫避。於是便坐的士到旺角，在親戚店舖的閣樓暫住。

1941 年 12 月 12 日早上集結在旺角的日軍。

暴徒趁火打劫

幾天後，日軍由新界進入九龍再回到元朗。日軍到達元朗時，情況很混亂。當時到處都有人乘亂搶劫，這些人口中常常喊着“勝利！勝利！”然後開着搶來的巴士和救護車到處打家劫舍。那時人人都很害怕，一時情急便將店舖的貨品都扔到街上，以求自保。有一天晚上，這些劫匪來到我親戚的店舖搗亂，他們把店舖的門打爛後進入店內，自稱是走難的人，但實際上是來搶劫的。這些人很兇惡,沒穿上衣,手持菜刀等武器。我們都很害怕,只能對他們説我們只有棉被等物資,沒有其他財產,希望他們不要傷人,也不要令我們受驚。不過那班劫匪的頭目不相信我們的話,命令手下搜查店舖,結果店舖被破壞了。幸好我們把錢藏在鞋底,因而未有被搜出。不久又有第二幫劫匪來到店舖搜劫。

日軍強行搜屋

哥哥和妹夫本來在"香港中華基督教青年會"做後勤工作,[2] 他們知道日軍攻打香港,便冒險穿上青年會的制服到親戚家找我們。他們看見店舖被暴徒毀壞了,認為不宜久留,便決定借青年會的制服讓我們穿着,冒險帶我們離開,希望可以轉到教友的房子暫住。由於當時日軍已經由元朗來到九龍城,為安全起見,我們出發前,先由哥哥和親戚到朋友的房子探路,然後才接全家一起過去。我們一家住在三樓的露台,一家七口都睡在地板上。那時候常常有警報,整條街都佈滿日軍。有一天,日軍突然來到我們家敲門,我們最初不肯開門,日軍就開槍試圖把門射開。這時

2　基督教青年會(Young Men's Christian Association,簡稱 YMCA)源於英國倫敦,於公元 1844 年創立,是基督教性質的國際性社會服務團體。香港中華基督教青年會,乃於 1901 年創立。九龍支會建成於 1929 年。抗日戰爭爆發後,香港中華基督教青年會推行救國運動,戰時服務包括組織難民救濟會、隨軍服務團等等,直至香港淪陷。

青年會的人叫我們不要害怕，一定要保持鎮定，又叫我們三位女性用棉被遮蓋身體，不要動。媽媽則叫哥哥不要抵抗，以免因與日軍衝突而造成生命危險。各人做好準備後，哥哥和青年會的人仍不願開門，只打開窗戶回應；不過因為日軍的敲門聲愈來愈激烈，我們的教友朋友最終還是給日軍開了門。

那時，另一位同樣寄居在教友家的朋友剛生了孩子而不能走動，日本人進屋後，我向上帝祈禱，希望神掩着日軍眼睛，不要發現我們。不知是否神的力量，日軍進屋後竟然沒有發現我們，但卻搜查剛生完孩子的婦人的房間，更立即把那個婦人拉起，企圖把她帶走。雖然他們夫婦倆不斷向日軍哀求，但日軍置若罔聞，對他們拳打腳踢。那個婦人被迫跟着日本人離開，甫出門口，那日軍見婦人沒穿鞋子，便叫她回房間把鞋穿上，婦人死也不從。正好這時屋外有位日本哨兵催促着換班，房內的日軍見狀，便只好讓婦人離開。婦人因而逃過一劫。

當日下午，一位到九龍打探消息的朋友回來告訴我們，九龍城市面情況較為平靜，於是我們一家便與此朋友一起走難到九龍城居住。後來妹妹走難到內地的曲江，我和姐姐則留港照顧媽媽。九龍城失陷後，日軍下令戒嚴，大家都不能隨便上街。我曾在街上看見日軍毆打不向他們鞠躬的人。有一次哥哥外出時經過九龍塘，就因為沒有向日本哨兵鞠躬而被打了一頓。

為生計冒險上街

　　九龍城失陷後，香港島仍未投降，而且經常有警報。我當時為了生計，每天凌晨時分便會把椅子及床板等搬到街上霸位，售賣馬拉糕和鷹粟粉等食物，一天下來可以賺到數元。當時港幣可以兌換軍票，兌換率是四元港幣兌一元軍票。在三年零八個月的日治時期，香港各區仍有人在街頭擺賣。日軍佔領香港的最後兩年，親戚介紹了一位德國醫生給我認識，當時他住在尖沙咀的加

日治時期，香港市民為了維持生計，紛紛走到街頭擺賣。日治政府為了方便管理，遂於1942年1月30日刊登公告，規定市民需於指定區域擺賣，如有違者，必定重罰。

215

連威老道，想學習中文；我為了生計便當他的中文教師。雖然市
面很少巴士行走，其他交通工具也欠奉，且常有警報，但我仍冒
險從九龍城走路到尖沙咀。我還向他討教英文呢！那位德國人後
來又介紹了一位住在尖沙咀半島酒店的女醫生給我認識，希望我
教她中文。

　　日軍管治香港後實行糧食配給制。每日每人可以配到"六兩
四"的白米。不過那些白米含有很多沙石，十分難吃。當時我有
一個鄰居的丈夫是從事地下工作的，後來被日軍拘捕。他被捕後
日軍常常到他們家搜查。由於他的家人上街不方便，所以我曾經
幫他們輪米。當時市面有些店舖還有進行買賣，故此還可以買到
麵包。由於街上四處都是窮人，在街上買麵包經常會被人搶去，
我甚至被人搶去口中正在咀嚼的麵包。

　　戰爭期間，街上到處都是死屍，男女老少都有。我家樓下的
死屍連衣服都被人除去，我曾親眼看見一個被人除去衫褲的胖子
屍體。[3] 每次離開家門也要越過地上的死屍才能走到街上，情景
非常可怕。

3　當時故衣買賣盛行，所以很多屍體的衣物都會被人除去轉售。

區巧嬋

女，1921年出生，在內地讀小學時經歷"蘆溝
橋事變"，來港後又碰上日軍入侵香港，戰時
失去工作。後為了生計投考"教師講習所"學
習日語，完成訓練後被派到總督部工作。

從蘆溝橋事變到日治香港

　　我讀小學的時候戰爭已經開始，"蘆溝橋事變"發生，[1]我們
上街抗議。完成小學課程後，大約13歲的時候我來到香港。我在
香港讀會計，完成課程後在香港結婚，當時只有21歲。現在兒子
已超過60歲，連他也退休了。

　　我見過日軍入侵香港的情形，但我不知道日軍入侵香港的確
實日期。日軍入侵香港那天是我第一次上班的日子，僱用我的是
一間畫報社。由於我當時還沒結婚，所以有公司願意僱用。我還
記得當時梳了兩條辮子，十分開心。不過，在我出門之前，便聽
到"嗚嗚"的警報聲，原來日軍攻打香港了。結果我未能上班，
自此之後也再沒有到畫報社工作。當時市面的情況十分混亂，人
們都顯得不知所措，有的更走到街上避難，情勢緊張，我不敢上
街。日本佔領了香港之後，我會先偷偷打探街上有沒有日軍巡
視，確定沒有日軍才走到街上買些日用品。

　　我結婚的時候是日本佔領香港的第二年，那天正值年初四，
但我們卻不能擺設喜宴。結婚之後，我從父母家搬到丈夫的家

1　"蘆溝橋事變"又稱"七七事變"，是1937年7月7日發生在中國北平蘆溝
　　橋的中日軍事衝突。日本的中國駐軍在未通知中國的情況下，在國民革命
　　軍駐地附近進行"軍事演習"。入夜後聲稱一名士兵失蹤，要求搜查北平
　　西南的宛平縣城。中國軍隊拒絕了這要求，日軍遂於晚上8時開炮猛轟蘆
　　溝橋，向城內的中國守軍進攻。"蘆溝橋事變"是中國展開全國對日八年
　　抗戰的起點。

裏，和他的父母一起居住。結婚第二年我有了小孩，當時還是日治時期，我不能到醫院生小孩，只能到私人的留產所分娩，由接生婆接生。

日本人來香港令我失去了工作，後來"教師講習所"招收學員學習日語，然後分派到小學任教，[2] 我為了生活便前去一試，結果考上了。教師講習所的待遇不錯，每個月好像有60分錢的工資，又有午飯供應。我們在中環滙豐銀行吃午飯，飯菜也不錯。

1943年9月26日刊登在《華僑日報》的一段啟事，日治政府將日語檢定試分為五等級，以考察管區市民的日語程度。

---

2 教師講習所的講習課程以五個月為期，每日講習三小時。講習科目包括日語會話、作文、日本情況和日語歌曲等。

當時我接受了一年的訓練，主要是學習日語。完成訓練之後，他們沒有分派教師的工作給我，而是派我到總督部負責抄寫商店的執照。當時每間店舖重新開業都要申請執照，我負責抄在執照上寫下店舖的名字、地址和執照號碼等資料。做生意的人有了這張執照，把它鑲好掛起，才能開業。總督部就在滙豐銀行裏面。[3]那時的生活挺舒服，除了工資外還有午飯提供及白米配給。當時我住在尖沙咀，每天在尖沙咀碼頭乘坐小輪到中環工作。

日治時期曾用作"香港占（佔）領地總督部"的滙豐銀行大廈。此圖攝於 1970 年代。

3　日治時期的滙豐銀行大廈是第三代的滙豐銀行大廈，於1935年啟用，設計屬芝加哥學派（Chicago School of Architecture）。大廈樓高70米，是當時遠東地區規模最大的建築物。日治時期，曾經被用作政府總部。當時懸掛於中環滙豐銀行門前的"香港占領地總督部"木製牌匾，現藏於香港歷史博物館。

目睹市民被日軍虐打

日軍佔領香港之後，日治政府曾經要求我的父母回鄉，我不知道這是甚麼原因。事實上我父母在香港並沒有工作，反而在鄉間有田有地。日本人安排了船隻送他們回鄉。姐姐因為沒有結婚，所以她便和父母一起回鄉。

當時日軍的穿着都是紮着褲管戴着軍帽的。日軍都喜歡掌摑人，而且完全沒有道理可言。有件關於日軍的暴行，我至今難忘。當時尖沙咀的威菲路軍營是日軍的大本營，[4] 好像是憲兵的總部。我當時住在鄰近的樂道，和兵營只一街之隔。有時我會偷偷到街上買東西。有一次我在街上看到一個戴着帽的男人走過憲兵總部的時候忘記除下帽子，有個憲兵大聲吆喝他。男人站在那裏不敢動，那個憲兵走了過來，把男人的帽子除下，並把他拖到山的矮牆那裏，矮牆上插着玻璃碎片，我不敢再看下去，便跑回家。後來聽人家説起，憲兵把那個男人推落矮牆的玻璃碎片上又扯起來，那個男人被弄得七孔流血。我沒有親眼目睹這事情的發生，但已經感到非常可怕，有好幾頓飯我都吃不下。這是我印象中日治時期最難忘的一次經歷。

4　威菲路軍營（Whitfield Barracks，俗稱"嚦囉兵房"），是昔日位於九龍尖沙咀的一個英軍軍營。1967 年，正式關閉，駐港英軍將該址移交予市政局發展為九龍公園，其中數座營房保留至今，用作活化用途，其中香港文物探知館便是被活化的前英軍軍營。

由於防空洞的生活環境十分惡劣，因此我沒有住過防空洞。我丈夫的父母由於很怕空襲，所以選擇住在防空洞，我負責送飯給他們吃。淪陷時期，我比較幸運，工作尚算穩定，有足夠的食物，又有糧食配給，生活還算不錯。戰時香港有黑市買賣白米，有些人會把配給的糧食和麵粉等賣出去，也有些人會賣衣服。那時候我們沒有太多的消遣活動，平時要排隊輪候配米和買柴。我們並不光顧賣柴的店舖，而是直接向自行上山伐柴在街邊擺賣的人買。有個經常賣柴給我的男人十分厲害，當時每人每日只可以配給“六兩四”白米，他卻居然又賣柴、又賣米給我們。那個賣柴的人有很多子女，有時我會把一些舊衣服送給他，甚至連丈夫兒時用過的舊棉襖都送給他。

大吃一頓慶祝日軍投降

我懷孕之後便沒有工作，小孩出生後，香港的情勢很危急，我們便決定乘火車回廣州生活。當時乘搭火車不是一件易事，排隊買票之後，我要揹着幾個月大的兒子和其他人爭上火車。當時很多人堵塞在火車的門口，我們只能從窗口爬進去。那個賣柴的人先把我的丈夫弄到車廂裏，然後再把我和兒子推上火車。我已經忘記了那個賣柴的人姓甚麼，是因為他的幫助，我們夫婦倆才能夠搭上火車離開香港。

1945 年 9 月初，投降後的日軍大都沒精打采。

　　日本投降後，我們一家都有大吃一頓慶祝。當時，日軍完全失去軍紀，隨處小便。人們看見日軍隨處小便的時候便掌摑他們，我看見後，開心得拍起手來。日軍只會定眼望着我們，不敢反抗。

梁秀蓮

女，1932年在內地出生，內地淪陷後逃到香港避難，來港不久即進入日治時期，被迫失學失業。

日治時期失學失業的日子

我在中國內地出生，祖籍新會。內地淪陷之後便走難到香港。我們住在彌敦道"皇上皇雪糕"樓上。[1]我們住的房子很大，有客廳、飯廳、書房等。家裏有父母、兩個弟弟和一個妹妹。

日本攻佔香港前我們準備坐難民船返回內地，但上船後卻發現全船人都患上天花。父親因此決定下船返回彌敦道住所，結果我們一直留在香港，經歷了三年零八個月的淪陷歲月。日本攻打香港時，轟炸香港島，炮彈擊中火水廠，大火燒了幾日幾夜。那時我的三弟剛巧要出生，當時家家戶戶都不敢開燈，我們只能把燈放在床底，請私家醫生來家裏替媽媽接生。戰事發生後我便輟學，也沒有做工，連父親也找不到工作。我年紀太小，沒事可做，揹着弟弟四處遊蕩。

日軍曾來到我們家搜查，但沒有大肆破壞，只不過拿走我們的木製傢俬到天台，由高處摔下弄破；然後強拉幾名市民到樓下將碎件收拾紮好，帶回軍營當木柴，作為煮食的燃料。有一次，一名日軍來到我們家，媽媽正好在廳裏哺育二弟，我立即叫媽媽走進廁所躲避。我則帶那日軍去找"花姑娘"，媽媽才避過一劫。當時若不是我的機警，媽媽恐有被日軍污辱的危險。

---

1 "皇上皇雪糕"位於旺角彌敦道，現址為皇上皇新廈。

日治時期，空襲是常有的事，警報一響我們就從家裏跑到防空洞避難。當時的防空洞就在普慶戲院旁邊。[2] 所謂防空洞是在山邊挖一個洞，內裏甚麼也沒有。時至今日，香港仍然可看到防

1941 年一處興建中的防空洞，設備簡陋，只有簡單的照明系統。

1952 年的普慶戲院。

2　普慶戲院位於油麻地加士居道和彌敦道的交界（普慶廣場現址），早在 1930 年代就開始服務九龍區的市民。普慶戲院是當年港九僅有數間兼做粵劇表演的戲院之一，日治初期仍然運作。

空洞遺址。避難的人不分老少，一直走到防空洞的深處，直至人滿為止。日軍戒嚴就不可以出門了，例如你下班後走路回家，哪怕還剩十間店舖，甚至兩間店舖的距離才回到家，只要日軍一下令戒嚴，你就只能在臨近的樓梯過夜而不能回家了。夜裏亦只能挨家挨戶拍門要水喝，更遑論會有人給你飯或粥吃了。

與日軍相處的點滴

日本兵分多個等級，最低級的也沒有足夠糧食。這些低級士兵看見我們有吃的便會過來搶吃，看見我們的雞也會搶走。那些負責照顧馬匹的馬伕很壞，四出調戲婦女。有錢的日本兵會去找"花姑娘"，但由於馬伕沒有錢，所以連年長的女人也不放過。我們認識一個日軍軍官，他曾經把他的家庭照片給我們看。我們知道他很愛國家和家庭，而且和中國人相處得很融洽。在日本投降前三天，他已經知道要離開，還特別向我們道別，告訴我們要返回故鄉。日軍投降後，所有日本兵都要離開香港和內地，但我不知道他最終能否返回日本。

日本軍官的裝束很有威嚴、整齊和光鮮，憲兵會入屋搜查，不過都有規有矩，並會與屋主交代情況。我們因為言語不通，需要翻譯才能對話。翻譯由一些會説日語的中國人負責，你給這些翻譯一些錢，他就會為你講好説話。這些負責做翻譯的中國人都被我們稱為"漢奸"。另外，憲兵制服的布質較軍官制服粗糙，但都很整齊，只是馬伕的制服較差而已。憲兵按上頭指令行動，若懷疑你家有抗日份子，你便永無寧日。

日治政府因為不夠地方使用，便要住在大屋的人回鄉，以便騰出空間給他們使用，住小屋的他們不要，他們要的是位於大街大巷的地方和店舖。日治政府又在香港設置集中營，專門收容英籍僑民和戰俘。被關進集中營前必須接受檢查，刀仔甚至鐵罐都不能帶進去，因為怕被人當武器使用，檢查非常嚴格。

日本軍營內的炊事員會用竹籃盛飯，日本仔拿着竹籃配上蘿蔔和青菜便吃起來。我每天等到差不多他們吃飯的時間便會走到他們軍營煮飯的地方，拿起竹籃拍打，收集竹縫間掉下來的飯，然後拿回家吃。由於日軍不阻止我這樣做，所以我每天也能吃到飯。第一次去的時候我沒有準備盛飯器皿，只好用衣服將飯包起拿走。第二次我便帶同器皿去盛飯拿回家吃。我當時還是個小孩，我和家人因此得到兩餐溫飽，不用捱餓，已經算是較幸運的一群。

米糧正式配給時，就只有“六両四”的分量，要用錢買的，還要排隊。而且拿回家的都是倉底米，不能煮成飯的。有時拿到糯米就更慘，只能煮成糊狀，還有很多穀牛，根本吃不下。輪米沒有分米的種類，派到甚麼米你就要拿甚麼米。當時有成千上萬人捱餓，輪一個早上就能輪到米已經很好了。輪米要用日本軍票，不過我不清楚值多少錢，也不知道能輪到甚麼米，只記得並不便宜。我也有吃過“神仙糕”。所謂“神仙糕”其實是用磨碎的米加入鹼水做成的食物。“神仙糕”體積雖大，但因用米很少，所以根本吃不飽。饑餓起來的時候，我們會跑到一些果園和花園，將園裏木瓜樹的樹皮削去，割下一塊塊樹心來吃。我們又會摘粟米，把它掰開生吃。基本上日本仔已控制了整個入口市場。日軍自己也不夠吃，好的物資都預留給自己的士兵吃，沒有分一點給中國人。

以當時的市道而言，一枚兩錢多重的戒指不能整隻變賣，因為沒有人有錢買得起一整枚戒指，所以要把它分成一小段一小段才能賣出；手鍊也要剪成一小塊一小塊拿去賣。換來的錢吃光了，再拿另一小塊去賣。當時高面額的鈔票已貶值至不值分文，隨意丟在地上也沒人撿拾；10元、5元和1元港幣成為最受歡迎的流通貨幣。[3] 另外，街道上也有一些地攤擺賣"故

3　日治初期，政府為了維持社會穩定和經濟活動，允許港幣作有限度流通，低
　　面額紙幣仍然能夠在市場使用，直至軍票全面取締港幣為止。1942年7月下
　　旬，100元和500元紙幣的黑市兌換價格足以反映當時情況：

1942 年		一百元	五百元
7 月	16 日	七十九元	七十九元
	17 日	七十八元六角	七十八元六角
	18 日	七十八元八角	七十八元八角
	19 日	七十八元五角	七十八元五角
	20 日	七十七元	七十七元
	21 日	七十六元	七十四元五角
	22 日	七十四元	七十四元

資料來源：《華僑日報》，1942 年 7 月 23 日，頁 2，〈大紙黑市趨跌〉條。

衣"。交易地點通常是在一塊爛地上，沒有錢的人就從家裏拿來一堆舊而完整的衣服，在地上鋪一塊布，便把衣服放在上面擺賣。從鄉村來的農夫帶着收成的穀物，看見有稱心的衣服便把穀物賣掉換錢來買衣服。當時，香港、新界和九龍都有人賣故衣。我們也曾在九龍油麻地榕樹頭賣故衣。[4]香港島賣故衣的地點則在上環海傍的大笪地。[5]

1945 年 9 月英軍在九龍（旺角）彌敦道舉行軍樂巡遊慶祝大戰結束，市民紛紛走到街上湊熱鬧。

4　油麻地榕樹頭所在地是油麻地天后廟前的一個廣場。

5　大笪地在粵語中有「一大塊空地」的意思，是香港以前的一種夜市。夜市內，既有地攤，又有大排檔，更有不少表演節目。大笪地一詞原指位於香港島上環的上環干諾道中海傍。

戰爭結束後，我們放爆竹和打鑼鼓慶祝。有一些日本人很可憐，日治時在香港和中國人結了婚；戰爭結束後他們都不想離開，甚至躲了起來，但最終還是被人拉走。他們的妻兒都留在香港，卻沒有撫恤金給他們。和平後，這些嫁給日本人的太太很可憐，走不了，又找不到工作，還被人奚落。當時嫁給日本人的女人數量不少，他們多數是在工作環境中相識，為了獲得安定的生活，自己心甘情願下嫁日本人的。

陳桃

男，1929年在廣東江門市出生。小時候隨父
來港讀書即遇戰亂，日治期間擔心糧食不夠，
舉家回鄉務農，唯不諳農務，光復後作別家
人，隨鄰居回港發展。

隨父來港即遇戰亂

　　我在1929年出生，祖籍廣東省江門市，以前屬於新會，現統稱五邑。祖父在清末時期去了美國舊金山打工，最後客死他鄉。祖父於美國工作期間一直有匯錢回鄉維持家庭生活，也有入股做"南北行"的小生意。[1]那家南北行叫"長安發"，從事越南貨運貿易的莊口，[2]從越南運輸藥材到香港買賣。由於祖父是"長安發"的小股東，於是安排父親在店裏做事，而母親則一直留在江門市郊區的農村生活。我是長子，也被安排到香港讀書。當時我和父親、伯父母和堂兄等一起居住在深水埗荔枝角道一幢唐樓的四樓。房子用木板間隔，居住了兩伙人家和一些閣樓住客，一共十多人。我在大埔道知用學校上學，校舍還算現代化。我來港讀書不久，就碰上戰亂，當時我才讀三年級。

　　1941年日軍攻打香港的時候，警報響起，我剛好在深水埗南昌街上學途中，立即折返回家。我記不起是開戰當天還是次日，海面已經封鎖，渡海小輪停航了。那個年代的油蔴地小輪，小孩

1　南北行是香港昔日一種商行。香港開埠後，香港作為一個轉口港，部分中國南部的貨物經香港運到北部；反之亦然。從事這種業務的商行便被稱為南北行。後來南北行擴展業務至東南亞、澳洲和美洲地區。當時南北行也兼營貨幣兌換、貨運保險及匯款等業務。

2　當時與北美洲有商務往來的商店稱為"金山莊"，與東南亞有貿易往來的商店則稱為"叻莊"。

在市區推進的日軍。

子是可以從閘門下穿過而不用付錢上船的。[3] 日軍攻入香港之
後，成年人把我們帶到近永樂街一帶的"南北行"居住，不准我
們外出。我經常聽到"嗚嗚"的警報聲，大家到處躲避飛機轟
炸。那時灣仔聖約瑟小學對面有一個防空洞，住在附近的人一聽
到警報聲便走進防空洞躲避。我很幸運並沒有走過警報，也沒有
進過防空洞。我避難的"南北行"只可以收留兩個小孩子，我們

3　香港油蔴地小輪船有限公司（The Hongkong and Yaumati Ferry Co. Ltd ，簡
　　稱油蔴地小輪）於1924年1月1日開始投入服務，經營中環至深水埗、旺角
　　及油蔴地的航線。詳見Sham Wai-chi. "The history of Hongkong and Yaumati
　　Ferry Company Limited, 1923 to the 1970s"（unpublished M.Phil. dissertation,
　　Lingnan University, 2007）.

就住在店舖內。當時前舖後居的情況是很普遍的，生活就在店舖的後面。吃飯時先讓店內高級職員吃飽後我們才吃他們剩下的飯菜，店內還住了大股東的家人。

"硼砂神仙飯"充饑

日治的時候糧食不夠，我印象最深刻的是餐餐吃粥。粥內沒有任何配菜，拌了一些好像叫"硼砂"的防腐劑，這種防腐劑經常用來做糉子，加入糉子內會使質地更軟滑，在粥內加入"硼砂"的目的是使粥凝固起來不至太稀。這些粥當時叫做"神仙飯"，配以醃鹹了的小蘿蔔佐食。那些小蘿蔔內有些五香粉，小孩子吃得多便會出現熱氣的情況，嚴重起來連眼睛也腫脹得看不見東西。記得曾有一位"醫生"幫我掏耳朵似的在我耳窩裏刺針，好像就是放熱氣、濕毒之類。雖然不知道是否管用，但當時實在沒有錢看醫生，小孩子有病也只能用土法解決。打仗的辛酸真的不知怎樣形容。除了吃粥，當時還有雜糧，最好的雜糧大概就是"壽星公"或者"鷹嘜"牛奶。有一次因為饑餓而忍不住偷喝牛奶，被人發現後不但沒收了，還被罰。隔了很久，他們才再給我一點點牛奶喝。當時除了一些替日本人工作的漢奸生活得比較好外，大部分人的生活都是很苦的。"南北行"店舖還算有錢，可以在街頭巷尾架起木柵封鎖道路，還設有保安攔阻外人進入"南北行"街。"南北行"有的是貨物，因此食物供應還是比較其他人充足。不過因為不知道戰爭會持續多久，所以當時大家仍然需要節約。有些人捱不住饑餓跑回內地去了，更有不少人餓死。

我記得淪陷之後幾個月，市面大部分的交通都停頓了。當時還有巴士行駛，但小輪就停航了，市民只可以乘坐木船過海。人們大多留在家裏不敢上街，好像中環這些繁盛的地方就儘量不去，以免因小事而被日軍凌辱，聽說在日軍面前經過而不向他們鞠躬便會被掌摑。沒有日軍站崗的地方則仍有人出外活動。

"偷渡"回鄉務農，光復後回港發展

日治時期，我們都擔心糧食不夠。由於不知道戰事要到甚麼時候才結束，又不想打擾人家太久，便決定舉家回鄉暫避。那時候回鄉也不能堂堂正正的離開，而是要偷渡回去。[4] 我們大約在1942年5月在上環一帶乘搭那些俗稱"大眼雞"的大木船離開香港，大家就坐在船艙內踏上回鄉之路。然而在返回家鄉途中又不幸遇上海盜打劫，走難的時候也沒有多帶衣服，我們身上所有東西包括兩件新的衣服都被搶走了。後來我們去到一處叫唐家灣的地方上岸，上岸後我坐在單車尾，就這樣回到家鄉江門。我在香港的環境比較好，還能吃到一點白米；在鄉下米不夠吃，就只能吃木薯、蕃薯葉、節瓜和樹皮等。當時大概是因為營養不良，也

4　由於糧食短缺，為了舒減人口壓力，日治政府於1942年12月執行歸鄉政策，建議香港居民離港回鄉。在此日期前，市民回鄉還未被政府認可。

可能因為走難時穿不夠衣服和沒有帶上棉被，以致着涼，回鄉後
一直肚瀉。鄉下的村莊沒有西醫，只在江門市有一家醫院，我在
醫院醫治了一段不短的時間才康復過來。

　　我們回鄉之後，最初以務農維生，但因為不諳農務，收成並
不理想。後來唯有將"南北行"的股份一點一點賣給大股東，以
維持生計。在鄉下住了幾年，我們一直與運輸土產的"巡城馬"
有聯絡，[5]並從他們口中知道香港光復。我們聽到日本戰敗的消
息後，雖然很想慶祝，但當時連買爆竹的錢也沒有，只好讓鄉下
的民兵向天鳴槍兩下以示慶祝。隨後我跟着鄰家的嬸嬸回到香
港，家人在鄉下送別的場面至今仍記憶猶新。我回到香港後，
"南北行"的大股東待我很好，給了我少許生活費，我拿着這些生
活費便在上環蘇杭街住了下來。不久有人介紹了一位洋行師傅給
我認識，這位洋行師傅除安排我到位於雪廠街的太子行當見習生
外，還提供金錢讓我修讀夜校課程，並為我安排住宿的地方。後
來我又到過西商會讀書。香港經過日治之後元氣大傷，雖然小輪
和巴士都已經恢復，不過市面仍然十分蕭條，有本事的人能夠買
到好彩香煙就已經算是很風光了。

5　香港開埠初期，設有書信館，有專人帶信件及包裹往來中國內地，負責速遞
　的人稱為"巡城馬"。

麥錫邦

男，1930年在順德出生，兩歲隨父母來港生
活，居住在油麻地。日治時期，曾在九龍倉覓
得一份工作，得以解決糧食問題。父親在日治
時期失蹤，母親不幸在戰時染病離世……

　　我在1930年於順德出生，兩歲的時候和父母一起來到香港。
香港保衛戰爆發的時候，我只有11歲。當時我在聚英小學讀書，
其後到粵華中學就讀。我家附近有一個英軍軍營，多數是印度裔
士兵駐守，但軍營沒有太多的防衛設施。[1] 現在尖沙咀彌敦道的
位置當時是高尚住宅區，十分安靜，兩旁都是樹，對面是一些約
一至兩層高的洋房，住在那裏的都是富裕人家。

戰爭初期驚恐不安的生活

　　日軍攻打香港的行動來得很突然。日軍首先進侵新界，後來
攻佔九龍。我們當時住在油麻地。住在九龍區的人都感到十分害
怕，因為大家都害怕日本軍人會姦淫擄掠。雖然當時我還小，但
我仍然記得我的家人把自己的臉塗黑及找地方躲起來的情況。我
們一家當時住在一樓，除了把門關上外，所有女性都躲到廚房，
而男性則用身軀擋在女性的前面。

有人趁亂搶劫，日軍隨意殺人

　　當日軍到達九龍之後，我們所住的油麻地區並沒有受到太大
影響，但鄰近的九龍倉則受到衝擊。[2] 由於倉內儲存了很多白

1　受訪者所指的是威菲路軍營（Whitfield Barrack），即九龍公園現址。

2　九龍倉"全名為香港九龍碼頭及貨倉有限公司"，位於尖沙咀海濱，現已改
　　建成海港城。

米、麵粉和糧食，所以有很多人到貨倉內搶劫白米和麵粉，我的父親也搶了兩袋麵粉回來。在這種情況之下，九龍倉派人守着柯士甸道和佐敦道這條通往九龍倉的道路。廣東道和柯士甸道附近是一片空地，往上便是軍營，守門人就在空地攔截那些往貨倉搶米的人。由於這些守門人都是持槍攔截搶米人的，所以當時有不少人命喪槍管下。另外，湧入貨倉搶米的人，亦有不少被米包壓死。因為貨倉內的米差不多堆放到20呎高，他們搶米的時候，不像拿麵粉一樣一包一包的抬走，而是用刀割開最低層的米包，然後用袋盛載流出來的米。當低層的米流走的時候，高層的米包便會因失去承托而塌下來，所以有不少人被塌下來的米包壓死。此外，附近亦有一班流氓搶劫富戶，佐敦道有一個十分富有的建築商被人搶劫了多次。當時那些流氓都有一個口號，就是"勝利了！勝利了！"我知道這區的富戶都被他們洗劫一空，而且一幫流氓離開了，又有另一幫流氓過來搶劫，沒完沒了。

當日軍進佔香港之後，他們要維持治安，但沒有實行宵禁，只是派幾名日本士兵在街上巡邏。但這些日本士兵見人便開槍，只要有人走到街上，他們便開槍濫殺，很多人因此喪生。結果人們都不敢走到街上。

糧食匱乏，餓殍遍地

當時我住在油麻地官涌街一幢四層高唐樓的一樓，除了我和父母之外，還有四五名家人住在一起。父親是一名小販，開始的時候主要售賣雲吞麵，其後甚麼都賣。雖然知道日本有可能攻打香港，但因為太貧窮，所以並沒有預先儲存糧食。

　　當日軍佔據九龍，市面平靜下來之後，我們的生活十分淒慘。當時我只有十餘歲，每天凌晨4時便要跟爸爸到西貢井欄樹砍柴，約8時便回來把柴拿去賣。其他家人並沒有工作，而且每天只有"六両四"的米糧提供，根本就不足夠。當時大家都十分饑餓，只有"神仙糕"可以充饑。"神仙糕"是用米煮成比較糊的粥，然後把粥放涼直至成為糕狀，之後再用油炸，便可以賣給別人，但其實我們吃的都是水分而已。我見過一個揹着兒子來買"神仙糕"的人，被一個餓得快走不動的人過來強搶"神仙糕"的情景。

　　戰爭初期的情況並不是太壞，但到了1944年，情況便十分糟糕，可說是壞到極點。我當時親眼見過很多人餓死街頭，餓死的情狀十分恐怖。由於沒有食物，人們只能靠喝水維生。但喝水太多會令肚皮脹大，人們大約喝了七至十天水之後，皮膚會因缺乏維他命而腫脹起來，就像豬隻浸死一樣。情況嚴重時皮膚會開始爆裂並流出水來，之後便剩下一副骨頭，活活餓死，十分恐怖。當時管理衛生的部門會派人來清理屍體，[3]每天都需要幾輛貨車來運送屍體，但都是十分隨便地把屍體堆放在貨車上。我們後來對於屍體已是司空見慣，不再感到害怕。有時晚上在街上被屍體

3　日治時期，衛生課由民治部管轄。

絆倒也不會感到驚慌，因為當時正是戰爭時期，我們覺得死並不是一件稀奇的事。今天雖有幸生存，但很難預計明天將會發生甚麼事情，特別是日本士兵在街上看見人便開槍射殺，根本就不可能知道自己的生命還能維持多久。

除了白米和"神仙糕"外，那個時候的蕃薯亦十分珍貴，其他的雜糧還有蕃薯葉和豆腐渣，聽說有些人會吃樹皮，但我沒有見過。豆腐渣即是豆餅弄成豆腐花之後剩下的渣子，雖然沒有甚麼營養，但能夠吃到豆腐渣已是一件幸運的事。我們通常會把豆腐渣和蕃薯葉混在一起吃，這樣還可有一些青菜的味道，但根本就沒有營養價值，只能短暫填飽肚子。至於食油更是不可多得。我們算是比較幸運，有豆腐渣和粥可吃，有時甚至能吃上一頓飯。當時我和一個弟弟、幾位叔叔等十數人住在一起，糧食分配非常緊張，我們每天兩頓的食物便由我約90歲的婆婆負責分配。婆婆做菜的時候，會把一塊豬肉綁在一根木棍上，然後放在鑊上加熱，讓豬肉滴出油來，之後便可以用滴出來的豬油炒菜，天天如是，都是同一塊豬肉。

那個時候我們會每人拿着一張配米證到米站配米，只會配給米，並沒有鹽和油的分配，油更是非常缺乏。由於我們家在九龍倉附近，我比較幸運，能到貨倉替日本軍人做一些如擦皮鞋和煮熱水等簡單的工作，雖然沒有薪金，但他們每天都會給我一些白米和豆當作工資，我在貨倉大約工作了一至兩年的時間。

港人救濟難民

日軍攻打香港的時候，仍有很多人從內地逃難到香港。那時的香港人十分熱情，在日軍攻打廣州之後，[4] 香港的學校發起了"救濟運動"，呼籲市民捐贈舊衣服和金錢給難民。當時我是一個小學生，已經懂得到街上呼籲市民救濟難民。有些人會從樓上拋

1939 年在街上棲息的難民。

4　1938年9月，日軍決定進攻廣州。10月9日，日本第21軍主力船隊出發，於10月11日晚抵達廣東大亞灣。10月12日凌晨，日軍分別在大亞灣、澳頭登陸。經過九日的攻防戰，日軍於10月21日攻佔沙河，並佔領廣州市區。

下一些舊衣物和金錢到街上，我們收集後寄給內地的難民。當時有很多難民逃難到香港，由於他們在香港沒有居所，所以都在山上搭建帳篷住下來，當山上沒有足夠地方居住的時候，他們便露宿在行人道上，當時很多香港人都會捐贈一些舊衣服和糧食來救濟他們。殖民政府並沒有主動接濟這些難民，反而是一些街坊團體比較熱情，會以糧食接濟他們。

木造樓房被清拆賣掉

那時我住在官涌街的房屋是用混凝土建成的，算是新樓房。廟街的房屋則是木造的，相對之下比較陳舊。這類舊式樓房外面用磚建成，內裏則全是木板。由於木板可以用作柴燒，很多人都會拆掉樓房內的木板拿去賣，舊式樓房的木板被清拆後只剩下走廊，面對空無一物的樓房，人們唯有離開。我們的樓房是用混凝土建成的，因此得以保存下來。日治時期，與我們同住的其他人全都離開香港返回內地，只剩我們一家沒有離開。樓上亦是十室九空。

日治時期的運輸

日治時期的海上運輸很少，除了有日本船運送貨物來香港，和往來澳門的船隻外，就沒有其他海上運輸交通了。九龍倉其後成為日軍的糧倉，用來儲存白米、食油和其他糧食等。由於我當時在貨倉內工作，主要為一名負責軍需運輸的大尉服務，所以當盟軍轟炸香港的時候，我可以立即跑到貨倉的防空洞避難。在盟軍連續轟炸日軍設施的七天期間，我一直躲在貨倉地窖的防空洞

1944年，美機轟炸紅磡黃埔船塢。

裏，所以我很清楚這個貨倉的情形。由於地窖儲存了香蕉和一些糖果，我便靠吃那些香蕉維生。這段時間，我看見倉內的牆壁有很多機關槍的彈痕。那時軍隊都使用機關槍和炸彈，並沒有使用燃燒彈，燃燒彈主要用作轟炸停泊在柯士甸道對開海面的船隻。當時的油蔴地和天星小輪都有繼續行駛，但陸路則沒有任何汽車行駛。

當時有很多警報，因為盟軍不斷轟炸香港的日軍，不過他們主要轟炸船塢的軍事設施。當時有很多船隻運載如鐵和銅等貨物到日本，1942年盟軍曾轟炸一隻叫"白銀元"的船隻，因為這船

隻運載了很多銅、白銀和鐵回日本。有時我會到碼頭工作,知道
有很多電油和汽油運送到香港,而由內地運送貨物到香港則會使
用陸路的廣九鐵路。[5]

日軍捉人做苦工

當我和父親去西貢砍柴時,沿途需要經過很多關口(哨
站)。九龍醫院附近設有一個日本關卡,我們經過的時候一定
要立正鞠躬,否則他們會掌摑我們或把我們摔倒在地。九龍城
附近亦有另一個關口。其後,因為九龍城要興建機場,需要勞
工,我們便到啟德機場工作。[6]我們到那裏主要負責採石,再將
石頭搬到海傍作填海之用,一天約有一斤米的報酬。我沒有看
見戰俘在機場工作。約數月之後,我不再在機場工作,改為替
日本人建造防空洞,一天約有二至三元軍票的報酬。有一次,
正在建造的防空洞突然塌了下來,塌下來的石頭壓着我,自此
之後我便沒有再到防空洞工作。起初二至三元軍票還可以買到
幾斤米,但之後一斤米也買不到。1944年的時候,一斤米需要

---

5 在"大東亞共榮圈"的理念內,日本將亞洲分成多個分工體,香港的角色是
   扮演各分工體的中轉站。關於香港在日治時期的經濟角色,可參閱周家建:
   〈日佔時期的經濟〉,載劉蜀永主編《20世紀的香港經濟》(香港:三聯書
   店,2004年),頁141-161。

6 日治時期,日本擴建啟德機場,以應付軍事上的需要。期間機場附近的20條
   村落被移平,啟德海濱、九龍寨城和宋皇臺被拆毀。

幾百元軍票才能買到，所以那個時候有很多人沒有食物，約有
10 至 20 萬人餓死。

　日治時期，日軍會隨便在街上捉人做苦工，我和父親就在這
個情況之下被捉到東莞石龍工作。石龍約有一百多個苦力，吃午
飯的時候，我們都會分到一包米，我們會把米放進水中約浸一兩
個小時，然後把米放在一個容器內用火煮熟，但只有外面的米熟
透，內裏的米都是生的，所以打開容器蓋時，人們便會搶着吃外
面的飯。睡覺的時候，我們只能睡在蔗田，但那塊田是濕的，即
使用乾草墊着都沒有用，所以我和父親便連夜逃走，沿着村路走
了多天才回到家。逃走經過的村落，村民只能給我們少許食物充

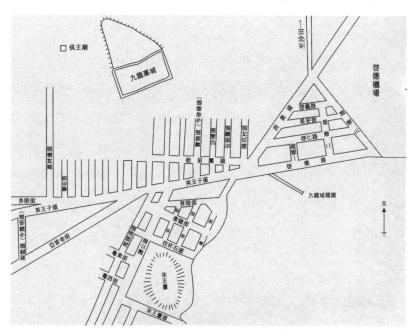

日本擴建機場時，將機場附近的啟德海濱、九龍寨城和宋皇臺拆毀。

饑，並且只能睡在割草上，但割草堆中太多蚊，十分難受。這些都是香港淪陷不久的事。

日本人強搶小販貨物

離開石龍後，因為我認識一個在街市賣豆腐花的人，於是我便向他拿一些豆腐花到街上賣；如果有足球比賽的話，我便會到球場賣花生，因為當時香港人的娛樂多是到旺角花墟看足球。[7]當時的彌敦道都是一些只有四層高的洋房或唐樓，街道十分蕭條，街道上停泊的多數是日軍的車輛。我曾賣過一些雜貨給日本人。有些日軍會強搶我的雜貨，但我不敢反抗，幸好大部分人都是用錢買貨品的。

我的叔叔是一個算命師，而當時的日本人十分相信算命。叔叔更認識了一名負責軍需運輸的大尉，大尉的身邊有一個中國女性陪伴着，我便透過大尉的介紹到貨倉工作。那個大尉姓上野，身材矮小，待我不錯。每天我都會帶着一個袋工作，因為我離開貨倉時都會在閘口拿到些白米和豆回家，而中午的時候倉內有一碗飯提供，這也是我能夠生存下來的原因。我的弟弟留在家中，沒有讀書。我在倉內工作約兩年後，戰爭已差不多完結。我的父

7　日治時期，體育運動比賽包括足球、棒球、籃球、乒乓球、桌球、游泳和賽馬等。南華足球隊亦曾於1942年7月出訪澳門，陣中包括李惠堂、宋靈聖和朱永強等等。

親在日治時期失蹤，母親在日本攻佔香港之後數月便死了，所以我的婆婆便負責食物的分配。

我在貨倉工作的時候，那名大尉會於日本新年的時候招待我到他的家吃飯，並舉辦一些日本文化活動，唱唱日本的歌曲，以宣揚日本文化。由於我不懂日語，只大概能猜到他想說甚麼，故此我們沒有太深入的溝通。

和平之後的香港

當歐洲的戰爭結束時，我沒有太大感受。但當日本投降時，我立即走到尖沙咀碼頭觀看第一艘皇家海軍航空母艦泊岸的情況。宣佈和平的一刻，很多人都走到街上，看見日軍便追着他們打，日軍都躲在稱為 "8126 部隊" 的總部內。[8] 接着英軍和中國軍隊都來到香港，中國軍隊的裝備都是美式的，神態威武。[9] 和平之後，我繼續在九龍倉工作。和平時亦有很多人死亡，因為人們之前太饑餓，一下子吃太多食物，導致消化不良而死亡；另外還有很多人因吃了太多維他命而死亡。

此時的九龍倉由英軍駐守，有很多國際救援組織運送物資和軍需品來。我利用在貨倉工作之便，偷了很多物資，如餅乾、香煙、巧克力和維他命等，然後轉賣給別人。戰爭之後，我們

8　即九龍公園現址。
9　當時抵達香港的中國軍隊為 "新一軍"。

一家只剩下五人，包括弟弟、叔叔、嬸嬸和婆婆等。我們一家比較幸運，在戰時有足夠的食物吃，雖然不算豐衣足食，但至少我們可以生存下來。和平之後市面開始有巴士行駛，巴士都是由貨車改裝的，十分破爛，而且大部分都是單層。一輛巴士有三名工作人員，包括一名司機、一名賣票員，另外一名則負責開關車門。

　　我在九龍倉工作的時候，只是散工性質，不是天天需要上班。當時我認識了很多年青人，他們大多是18歲。其後他們開辦了一所俱樂部，當中有一位教授英文的老師知道我沒有工作，便教我一些商科知識。後來他更介紹我到太古洋行當理貨員，所以他算是我的貴人。由於日治時期我的年紀很小，所以有很多東西都不是太理解，當時大家都只顧着求生存，根本沒有時間思考。

參與重佔香港的皇家海軍航空母艦 "不屈號"。

葉志堅

男，1938 年在香港出生，日治時爸爸曾當水
客幫補家計，目睹了日治下市民生活在惶恐之
中。媽媽在日治期間染上肺病，無法得到治
療，死時只有 32 歲……

住所附近的環境與軍警

我於1938年在香港出生，祖籍花都，昔日名為花縣，在廣州的近郊，可是我從沒有回過鄉間。戰爭爆發的時候，我住在旺角上海街494號，即山東街與豉油街的交界。當時我與爸爸媽媽同住，生活比較簡單，加上家庭成員少，一層1,000呎的住宅只有兩至三戶人家分租居住。

油麻地警署在眾坊街附近，[1] 我們住的地方距離油麻地警署只有幾條街。從我家步行到警署要行經長沙街、咸美頓街、碧街和窩打老道才到達，約需五分鐘。在咸美頓街有一所中華便以利會，[2] 時至今日仍在原址服務，並保留了原來的風格。我記得附近有一間雲來茶樓非常有名，[3] 數年前才被拆卸，茶客可以在茶樓內演唱或欣賞粵曲。現時上海街雖然仍有少量戰前舊樓，但以往的樓房卻更有趣：它們大都三層高，二樓以上為民居，地面為舖位；木板造的樓梯是垂直的，跟衙前圍村的結構一樣。此外，有些具嶺南特色的建築物也很有趣，廣州式騎樓建築，在走廊的上方都有裝飾物，臨街有一條正方形的羅馬柱，可以讓小朋友窺

1　油麻地警署於1893年設立，原位於上海街及眾坊街交界，1922年遷往廣東道及眾坊街交界。油麻地警署是英國殖民地典型的建築，已被評定為香港三級歷史建築。

2　中華便以利會（China Peniel Missionary Society）油麻地堂於1914年11月20日建堂，為區內居民服務。

3　雲來茶樓原位於旺角上海街484號。

油麻地警署近貌。

探街道的情況。當時住所附近有一間染布坊，店內有兩座染了顏色的凹字型大石，工人把衫放在上面後，便會以踩踏方式進行染色工作。它是一間很普通及古老的店舖，我對這店舖有深刻的印象，因為我曾見過有人在店前因饑餓而猝死。

當時在旺角奶路臣街有一所學校名叫金城中學，[4] 在日治期間成為了日本憲兵分站。這是一所用大型花崗岩建成的金字頂學校，日軍徵用這所中學作為分區管治基地。由於日軍害怕遇襲，徵用金城中學是看中它用花崗岩建成的特點，如遇到火警也不怕火勢蔓延，同時學校的設計也有防禦效果。

4　現時砵蘭街和彌敦道交界的胡社生行位置。

爸爸當"水客"幫補家計

　　日治時我大約四歲，而日本投降時我七歲多。由於當時的家長都怕兒女碰到日軍會有危險，所以都嚴禁他們上街，而大人則為了生計而出外工作。當年上海街的居民會到窩打老道的水塘山砍柴劈樹，[5] 然後賣給別人作燃料之用。爸爸當過水客，媽媽是家庭主婦。爸爸當年上門到民居收買舊衫，然後走路或踏自行車返國內如惠州等地方，售賣故衣換糧食。因惠州處於國內交通樞紐地區，四方八面的人也會到該地以物易物，從香港走路前往只需幾天的時間，路程也不是太遠，故此爸爸便走水貨到惠州幫補家計。[6] 水客當時還要逃避日軍的關卡及國民黨的軍隊，旅途非常艱難。[7]

　　記得每次爸爸從內地回家，我都很高興。因為他總會揹着一個約呎多兩呎高的火水罐回來，揭開罐子的蓋後，舊衣物下面是一些米通，米通下便是米。這些米是他從內地換回來的，通常約有幾十斤，足夠我們吃上一段不短的日子。除了米和米通外，爸

5　根據 1947 年的地圖，"水塘山"的位置即現京士柏花園所在地。

6　惠州位於廣東省東南面，珠江三角洲東端。自古即有"嶺南名郡"和"粵東門户"之稱。第二次世界大戰期間，"英軍服務團"(British Army Aid Group) 的前線總部曾設於惠州。

7　台灣軍人在日軍體系內擔任地位較低的軍屬或軍伕。軍伕的主要職責是在戰場上負責搬運和處理庶務的工作。台灣日本綜合研究所：《亞洲人民會審日本殖民主義》(台北市：文英堂出版社，2008 年)。

爸還會帶一些梅菜回來，梅菜是惠州最有名的土產。當時市面沒有人賣米，因為白米難求，故此米糧多留給家人活命之用。印象中爸爸會與朋友相約一同走水貨到惠州作為照應，以防途中遇上盜賊。他又會穿上唐裝，頭戴能遮陽擋雨的通帽上路。其實爸爸在途中既要逃避日軍檢查的關卡，又要提防"大天二"的搶劫，是非常辛苦的。

吃雜糧致生病甚或死亡

當年香港糧食缺乏，人民生活困苦，死亡乃平常事。我同屋有位老中醫，整家人十餘口在國內逃難來港，日治期間大多先後死去，最後只剩下兩位老人。我沒有吃過"神仙糕"，可能是當時年紀太小了，也不太記得吃過甚麼，印象中吃過花生麩。有些人因吃得太多雜糧而患上水腫或其他疾病，甚至死亡。當年我能夠吃花生麩已經很開心。而當時的米由日軍配給，日軍會在每戶人的門前貼上住戶證，寫上那戶有多少人，而市民憑米票及身份證方可到指定的供應站換取少量的米。米是限量供應的，有錢可不一定買得到。我家附近的通菜街，即荷里活戲院附近便有供應站。我記得換米時有一張紙，換了多少米就在紙上蓋印作實。日軍此舉是為了防止有人囤積米糧，導致米價提高，同時也是為了防止有外來人士來港及抵制抗日運動的產生。我不知道當時有沒有黑市賣米的地方，不過我估計沒有，因為日軍會殺掉囤積米糧的人。

我們當時換取的米其實是粗糙的米碎，而且是斷開的，完整的米都被人篩去，剩下來的便是我們所得到的。一般人只可吃副食品，例如蕃薯及芋頭等都是最粗生、成長期最短的農產品，新界的農民收割後便會立刻拿出來賣，這些雜糧可説是救了我們的命。當時的人因為營養不良的緣故經常會長"風癩"。[8]能夠吃雜糧已經非常不錯。

當時很多人會拿一個篩子到旺角大坑渠附近的泥濘捉沙蟲來餵魚，又會爬到渠裏捉海蟑螂來釣魚，原來很多魚都喜歡吃海蟑螂，所以捉到海蟑螂便不愁沒有魚穫。旺角碼頭和新填地街海濱的魚穫特別豐富。當時的人為了獲得額外糧食，都會釣魚、種蕃薯等，然後以物易物，或去押當店典當物品，有人更會典當棉被。

當時有很多人餓死，每當有人餓死在街上，他們的衣服很快就會被人脱去，只剩下一具赤裸的屍體，這種情況屢見不鮮。除了有人搶小孩的食物外，更有人吃人的説法，甚至有家長換子而食的傳言。當時在旺角砵蘭街一帶的後巷，有一間賣豬腳薑的店舖，有人説其實是人肉煲薑；盛傳有嬰孩被宰後用來煲薑，並且在食物中發現手指甲，非常可怕。

此外，現在大家對食物的衛生要求很高，但是當時有人會花

---

8 風癩正確名稱是蕁麻疹，又稱為風疹。體液從皮膚的血管滲出，聚集在皮膚及皮下組織內，引起局部腫脹的現象。

一至兩毫向酒家買 "餸頭餸尾" 來吃，並視之為上品。我亦會到茶餐廳，用一毫買他們做多士時剩下的麵包皮回家，然後用白糖煲水加入麵包皮來吃。與當時人們朝不保夕的生活比較起來，現在的人幸福多了。

日治下的生活與社會治安

日軍進城後，因為沒有汽油，所以已沒有人用汽車了，日軍也不坐馬車、汽車，平民坐馬車、踏自行車的更不多見。當時最主要的運輸工具是木板車，這種木板車能載很多東西。我們當時穿的鞋是用舊車輪的橡膠做鞋底，然後穿上帶子製成的，要不就只有赤腳，物質非常缺乏。由於食物才是最重要的，配了米糧後，其他東西也就變得次要，故此日軍並沒有配其他日用品給我們。還記得當時有一個叫 "兆昌" 的洗衣肥皂品牌和一個叫 "九龍火柴" 的火柴品牌，它們都可說是香港的古老品牌了，當時一般人只能夠用清水洗衫，沒有幾人能夠買得起肥皂。

人們沒有錢買東西，便會賣掉自己的衣服來以物易物，到甚麼也沒有時便可能會四處掠奪。日軍看見有人搶東西的話，便會立刻槍斃搶掠者。當時出現了一個很有趣的日本化名稱，名為 "密偵"，其實等於我們現在的偵緝警探。"密偵" 是日本人的爪牙，是為虎作倀的漢奸。他們會向日軍舉報街上發生的搶劫案，日軍便是用這種高壓手段來維持治安。日軍為了粉飾太平，又會

1944 年 3 月 11 日的《香島日報》刊登總督部 "招考華人監視員" 的廣告。

讓部分貿易繼續進行，並利用漢奸及黑社會來控制香港，上海街有很多金舖也是受到漢奸的包庇。我覺得這種情況與早期殖民地時代有點類似。

記憶中每名日軍都有刺刀，頭戴一頂背後有一塊垂布的軍帽。當時大部分人遠遠看見日本人便會逃走，我們只會在幾十呎外遠觀他們，只要他們一走近，家人便會拖着我們離開，小孩知道有日本軍巡邏也會立刻躲回家裏，總之就是對他們避之則吉。當時的情況可說是 "水靜鵝飛"，街上幾乎沒有人。若然真的碰上日軍便要向他們鞠躬，不然就會有麻煩。可是，據聞當年軍隊當中日本人其實不多，大部分是來自例如台灣等不同地方的僱傭兵，[9]他們的軍服就如電影中的日軍一樣，都是淺黃色的。我現在還收藏着一件軍事紀念品，紀念品是當年爸爸歡迎戰勝軍隊經過香港時收到的，是一把好像是屬於中國 "新一軍" 的英式黃銅古老望遠鏡。這是戰爭遺留下來的物件，我到現在還珍藏着。

9　第二次世界大戰期間，被日本殖民政府徵召入伍的台灣人總計約八萬多人，而被徵為軍屬的，更多達 12 萬人。

轟炸頻繁，死傷無數

日治時期，因為年紀太小、又輟學，家人又要出外謀生，縱然是無所事事，也只會在住所附近玩耍，不會離開旺角區。然而有一次，鄰人踏自行車帶着我從加士居道往紅磡黃埔船塢的船上參觀。突然間，我看見天空有很多飛機，而且響起警報，鄰人見狀便立刻帶我回家。從加士居道往紅磡有軍營等建築，[10] 卻沒有甚麼民居，所以去黃埔的路上沒有甚麼人。此外在鐵路旁有一條古道，這條路可以通往旺角衛理道及九龍華仁中學旁，我們便是經這條路返回旺角的。後來，我才知道當日是盟軍轟炸黃埔船塢。那次的經歷把我的家人給嚇壞了。

盟軍轟炸黃埔船塢期間，差館里及鄰近的一所小學被夷為平地，炸死了很多路人和學生，可是旁邊的觀音廟卻安然無恙。位於紅磡的土地廟藏了很多骸骨，那些死者便是當年在黃埔船塢被炸死的學生。

戰時每當有飛機經過時就會有警報，但是我們並不知道他們會轟炸甚麼地方。即使盟軍也不能經常在香港投擲炸彈，因為他們的戰機也害怕被高射炮擊中，而他們的炮彈射程也難以進入香港境內。當時不是到處都有防空洞的，我記得紅磡有防空洞，有

---

10 位於加士居道的槍會山軍營（Gun Club Hill Barrack），早於 1902 年至 1903 年間已開始設有固定營房。1914 年，槍會山軍營添置了四門向着維多利亞港的十磅後膛山炮。日治時期，日軍曾佔用軍營。

1944 年，美機轟炸紅磡黃埔船塢。

些地方則沒有興建防空洞的條件，就如較早期已發展的旺角，很難找一座山來建造防空洞。

日治時沒有甚麼消遣，平時只會玩些小玩兒，例如把汽水蓋弄扁，在蓋上打兩個洞用線穿起來造風車；我又會用橡皮筋紮着線軸及蠟燭再鬆開橡皮筋，製造車輪滾動的效果；又會彈波子、拋小石頭、跳橡皮筋繩等等。居住在上海街的小孩都會到彌敦道踢足球。我居於碧街附近。當時拐賣人口的風氣很盛行，家長不准我們走得太遠，所以我經常到朋友開的長生店玩。碧街是最早賣棺材的街道，其實朋友的長生店當時已沒有營業了。我有朋友在海邊做棺材批發，從船上搬運杉木上岸，小的杉木會鋸開製成木板，大的則用來製造棺材。當時杉木是主要的建築材料。

日治之下市民成驚弓之鳥

因為我們是普通百姓，日軍不會對我們做甚麼。要是有人招惹日軍上門搜查，便一定凶多吉少。因為日軍會強闖，而且他們是不用遵守任何法律的。我太太是新界人，當時她爸爸被日軍捉走，從此便下落不明。戰爭年代，生命是沒有任何保障的。日本人不用守法，因為他們是統治者，他們就是法律。那段日子本地人可說是任人魚肉，被殘殺的也很多。當時晚上有燈火管制及戒嚴措施，6時許吃過晚飯後便不准上街，街上也沒有太多街燈，日軍則會在街上巡邏。

當時有一支名叫東江縱隊的組織制衡日本人，但他們大多數在新界活動，因為新界地方大。而市區大部分地方被日本人操控，令東江縱隊如被日軍扼住頸項般，難以在市區進行敵後工作。現今的鯉魚門海鮮酒家附近，當時是東江縱隊的基地，我認識一位住在紅磡的街坊，當年也是東江縱隊成員。

如前所說，當年的舊式房子都是有露台的，而上海街到今天亦變化不大。舊式樓房的騎樓底會有多條柱子支撐着，而在最底層是商舖。當時任何類型的商舖都有，例如藥房、餐室、酒家和五金店舖等。以往很多商舖的業權都是屬於經營者自己，而且都是整棟買的，這是因為當年的樓價便宜。日治時市面其實很少商業活動，但是當年日治政府為了營造一個繁榮的假象，卻規定商舖一定要營業。

香港未淪陷時，我們害怕日本人的轟炸，日治時我們又會害怕盟軍轟炸在香港的日本人，大家都成了驚弓之鳥，一有警報所有人都立刻回家。因為恐怕有炸彈誤中民居，所以家人一定要我躲在住所內而不許我步出露台，可見當時大家都生活在惶恐之中。

我聽聞在鄉村日軍會號召所有人聚在一起，然後在他們面前殺人，收殺一儆百之效。在城市，日軍則營造皇軍是十分有風度及和諧的假象，所以我們沒有看見日軍的殘暴行為，只是感受到物質的缺乏。當時日本人為了營造昇平的假象和收買人心，會默許在街頭巷尾開設賭檔。賭檔一般會開設在兩座大廈中間的一道小巷當中，大門用兩塊布擋着，人們要揭開布簾屈身進去。賭檔會有大漢看守大門，當他們大喊："發財埋便！"便能分辨這是賭檔。有些賭客會用軍票去賭運氣，亦有些富人以賭博作為消遣。

當時也有黑社會組織，他們只會到很多富人居住的地區，例如跑馬地等地方搶劫，而不會胡亂到窮困地區打家劫舍。因為打劫窮人不但沒有收穫，更可能變成被搶也不為奇。旺角是個三教九流的地方，那些黑社會大哥和我們都是互相認識的老街坊，由於他們看着我們成長，所以我們到麥花臣球場踢足球也不會被他們欺負，他們更會叫我們快點回家。當時有一些很有趣的"行規"，就是如果有人不見了一支墨水筆，只要認識黑道中人，三天便能夠把墨水筆尋回。其實當年的黑社會是很有制度的，除了不會胡亂打家劫舍外，他們搶劫回來的東西也要交予地頭的大哥，三天內看看有沒有任何有力人士要拿回，確定沒有才會拿去賣。另外，他們會向人收取保護費，並且會建立自己的人脈關係。

當年市面境況蕭條，大部分人都逃到國內或回鄉，原因是中國太大，日軍根本無法搜索所有山頭，所以人們認為回到內地自然會有出路。不過因為我們的鄉下比較貧窮，所以我們一家並沒有返回鄉下避難。聽爸爸説鄉下的山是紅色的，土地十分貧瘠，根本種不了糧食，他也是因為這樣才來香港生活的，因此不會回鄉。

1940 年由內地逃難到香港的難民。

日軍一走了之，遺下軍票爛賬

　　日軍投降後，大家也鬆了一口氣，同時也開始考慮將來的生活。當時除了教會外，學校及其他團體均有派發救濟物資予有需要的人。救濟物資包括餅乾、鮮奶、奶粉、粟米粉等。粟米粉可用來蒸糕，加上奶粉，十分美味。粟米粉營養價值非常豐富，能迅速補充長期不足的營養。人們就以救濟糧維生，也有人將剩下來的粟米粉拿去賣。當年有很多教會學校，他們最早派發這類救濟品，後來其他學校也相繼派發。市面逐漸恢復正常，有人開始做生意，市民也能找到工作，歸鄉的人也陸續返回香港。

　　當時我、父母、姊姊、兩個弟弟及妹妹一家七口住在唐樓二樓，弟和妹是戰後才出生的。我記得日軍戰敗時我剛好七歲，姊姊比我年長兩歲，當時只有我及姊姊符合入學讀書年齡，可以讀一年級。但姊姊比我遲入學，這是因為重男輕女的緣故。我讀的學校是廣華街的昭賢小學，要讀古文評注、文言文及對聯等。

　　我媽媽日治時期得了肺病，那時候肺病是沒法醫治的，加上醫生很少，而且醫藥費高昂，得病就如宣佈死亡。當時的人對傳染病很忌諱，得病後不會隨便到別人家作客。我媽媽死時32歲，我當時只有10歲。當時的人得小病就看中醫，我同屋的中醫師醫術不錯，所以有很多人找他看病。病人甚麼人等也有，所有人也要付診金，當時一毫子便可買到油條及白粥，而診金及藥費則要三數元。

現在經常談及要求日本政府賠償，是因為當時日軍強迫市民把所有財產都換成軍票，並以軍票作為交易貨幣，但日軍戰敗後一走了之，又不承認曾經發行軍票，這根本就是賴賬，是掠奪市民的財產，所以有些人仍在索償。現在中日談判時，日本領導人雖然聲稱承認歷史，但他們是否以史為鑑呢？

葉寶珍

女，1935年在香港出生，香港淪陷時剛六
歲。雖然父親在黃埔船塢工作，定期有糧票配
給，但仍感受到物資匱乏的艱難……

我於1935年在香港出生，一直沒有離開過香港。淪陷時剛六歲，三年零八個月後應該是10歲左右。當時我們一家住在紅磡蕪湖街一幢舊樓的二樓，家庭成員只有父母和我。

學生慘被瓦礫砸死

我住的地方跟防空洞的距離很近，由家裏走過去要經過一個球場，遇空襲時外婆就揹着我走過去。[1] 我記得有一日早上，天上轟隆隆發出巨響，人們說是打仗了，要走難了。走難時我們預備了一些糧食走到防空洞躲避，當時防空洞還未開放，入口用木板圍住，有人把木板拿開，我們才可走進去。防空洞內很大、很深，但很黑、很潮濕，我們就坐在防空洞的地上。第二天從防空洞出來，有些人因為防空洞內太潮濕而身上長出了紅疹。空襲結束後我們回到家中，知道真的打仗了，日軍已經攻入了市區，幸好還沒有到我們家搜查。後來我漸漸成長，等到時局平靜後便開始上學。我就讀的是紅磡街坊會小學，[2] 學校有很多學生。我家距離學校很近，我上學都是走路的。

1　戰前香港政府曾在紅磡建有多個防空洞。現漆咸道北，近蕪湖街段，仍可看到防空洞入口。

2　紅磡街坊會小學在清朝光緒年間已以義學形式成立，1904年正式建校。第二次世界大戰期間，曾遭盟軍轟炸黃埔船塢的炸彈誤中，數百師生罹難。香港回歸中國後，因收生數目未及教育統籌局規定的開班人數，於2004年9月份開始停收一年級學生。

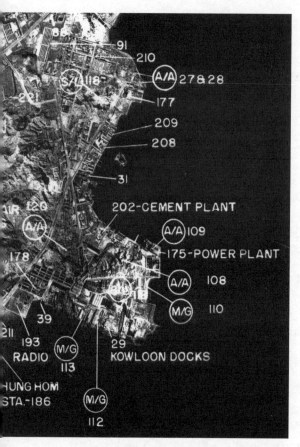

1944 年 3 月由盟軍攝製的紅磡軍事要塞圖。

學校有日文課，由懂日文的中國人教授，不過只是教一些日文的基本字母。當時經常有空襲，我們會走警報。有時老師不准我們走，要我們留在課室，躲在長檯下。警報解除後，我們的家人會來帶我們回家。我記得有一次是在農曆八月三十日，盟軍轟炸位於紅磡的黃埔船塢，紅磡區有很多房屋都被波及。學校的老師叫我們不要離開，但有些同學去了防空洞躲避，有些則去了紅磡一間很有名的觀音廟躲避。[3] 學生抵達觀音廟的時候那座廟宇已經傾斜了，忽然有炸彈落在觀音廟，那炸彈居然沒有爆炸，但炸彈的衝力卻把觀音廟給震倒了，很多學生被砸死。幸好那次母親病倒了，我沒有上學，才避過一劫。

3　位於差館里的觀音廟原由"三約"居民於 1873 年籌建，並於 1889 年和 1910 年重修。

日軍的友善與野蠻

日治時期不時有戒嚴，戒嚴是分地區和路線施行。有時我們會於晚上上街，大人會帶我們到普慶戲院看粵劇。[4] 一路上都沒有路燈，要摸黑前行。賭博在當時十分盛行，成年人喜歡到彌敦酒店飲茶和賭錢。晚上出門很少遇到日軍，白天出門就會在哨站見到日軍。成年人經過哨站，如果不向日軍鞠躬便會被打。小孩子則好一點，日軍不會特別嚇唬他們。

有些文化水平較高的日本人在日治時期娶中國女子為妻，這些日本人對中國人的態度很友善和很有禮貌。光復後，當我們知道這些日本人要回國時，也都很有禮貌地向他們道別。印象中的日本人都是穿起軍服的士兵，每個士兵的軍帽後都有塊布貼在頸項，褲腳是紮起的，並配有軍刀。我每次

1944 年 3 月 16 日，普慶戲院仍有在《香島日報》刊登廣告，可見日治時期仍有娛樂場所為市民提供娛樂節目。

4　普慶戲院建於 1927 年，曾是一個多元化的娛樂表演場地。現時所在的地段，已改建為逸東酒店和普慶廣場。

看見日軍都會很慌張，有一次我看見日軍抓了一個偷食物的中國人後，把這人綁在燈柱上毒打；我因為太驚慌，所以立刻走了，這人後來有否被打死就不得而知了。

憲兵從來沒有到我家搜查，但曾經體驗過日軍的野蠻行為。有一次我們家的水渠漏水，水一直流到後面的防空洞。那時候防空洞已經改為日軍存放電油的倉庫。不久有幾個日軍上來追究，不由分說便掌摑母親，我十分害怕，躲在母親身後，幸好打完後他們便離開了。另外，我聽聞日軍叫市民歸鄉，我家也有親戚選擇歸鄉的，他們要走路上廣州，幸好最終能平安到達。我家沒有歸鄉，因為母親說我和外婆一老一嫩不適宜長途跋涉，所以日治時期一直留在香港。

物資匱乏，不足以溫飽

我們一日三餐只靠食米糊維持，母親會用米磨碎煮成米糊，小孩子食的米糊較稠，而大人食的則較稀。因為我年紀小，母親會多給我一小片片糖與米糊一齊吃。父親在黃埔船塢工作，定期有糧票配給，故此我們的食糧能有穩定的供給。我聽說有"神仙糕"這種食物，知道吃了之後會身體不適，但沒有吃過；我也聽說有黑市買賣糧食，但不知道詳細情況；我知道有人把家裏的衣服拿去賣錢。由於我家境清貧，沒有多餘的衣服可以變賣，天氣冷的時候也沒有幾件衣服可穿，有一件小毛衣已經很高興了，所以也沒有賣衣服的經驗。母親的被子都給我們蓋上，她自己只蓋麻包袋。有些人連床板也會賣掉，然後睡在草上，不少人因而患上水腫。

　　日軍投降後，我們都有慶祝。當時英軍在我家附近的大球場分派罐頭和衣服等救濟品，我們家也有去排隊領取。

戰後初期，等待領取救濟品的兒童。

馮其祥

男，1926年在元朗出生。抗戰時加入游擊小
組，主要負責宣傳游擊隊抗日的信念和搜集敵
軍軍情……發展游擊工作期間，曾經在八鄉被
日軍包圍……

祖父是第一批加拿大華工

我祖籍台山，1926年於元朗出生。祖父馮坤榮、父親馮廷瑤早於光緒年間（1875－1909年）由台山來港，至今已經超過100年，但我們到現在仍未被視為元朗的原居民。以前台山很亂，到處有人搶劫和殺人，家族中有一個姑婆被賊人擄走，一個太公被打死。台山的生活很艱苦，糧食短缺，經常要挨餓。所以祖父和他的堂兄弟及同鄉為了生活，都遠赴加拿大魁北克省的蒙特利爾工作。祖父是

馮其祥於抗戰期間曾參與游擊小組工作。

第一批往加拿大開山闢路的華工。當地的華工賺到錢都會做些小生意，主要是開雜貨店和洗衣店。[1]

父親是屬於第二批到加拿大的華人，在彼邦幾經艱苦才找到祖父。當時的中國人縱然在外國工作，最終也希望落葉歸根、衣錦榮歸，不管多大年紀也要回鄉承田買地、娶妻生兒。父親到加拿大前已經結婚，而當時的移民條例是不許華工帶同家眷移民的，所以大媽沒有一同前往加拿大。後來大媽所生的兒子不幸去

---

1 關於早期加拿大華人的生活，可參閱Peter S. Li, *Chinese in Canada*（Toronto, Ont.: Oxford University Press, 1998）.

世，父親回國後便再娶我的母親，51歲才生下我。

父親是基督教徒，在蒙特利爾受浸，但我不相信基督教。記得小時侯讀書時受愛國思想薰陶，只愛國家，不愛宗教。有一次跟父親上教會，有牧師説日本人攻打中國，是想助中國脱離苦海。聽完之後我認定這位牧師是漢奸，還記得那間教堂是在元朗舊墟的。

落戶元朗耕種為生

我的家人是坐船來香港的，在元朗南生圍山貝渡頭上岸。我們在元朗有些親戚，覺得元朗位置較方便和熟悉，於是選擇到元朗落戶。當時新圍仔和牛潭尾居住了不少四邑人，很多都是來自台山的。以前元朗舊墟一帶全是農地，祖父認為可以耕種維生，於是向南邊圍和山貝村的原居民買地耕種，我現仍保留着地契。那時元朗很荒涼，新圍仔沒有馬路，錦田路又沒有橋，由新圍仔運送農作物到元朗市場售賣很不方便。我們最初在舊墟做小買賣，後來用父親在加拿大所賺的錢買地蓋房子，仍靠耕種維生。記得舊墟有一間大王廟，是附近幾條村集資蓋的，目的是用來保佑農作物的收成，也作為輪更的地方。

我八歲在元朗鐘聲學校讀書，[2] 學校有孔聖像。在那裏讀

---

2 鐘聲學校由清秀才黃子律於1934年創辦。校址在元朗大橋村。日治時期宣告停辦，重光後重開校舍。

書，畢業後可以當掌櫃。當時的老師包括舉人黃吉雲和秀才黃子律，[3] 他們是兩兄弟。課程內容包括《古書》、《孟子》和《千字文》等。開學禮在春天舉行，還記得第一天上學時，媽媽揹着我，帶着一個盒子，盒子裏面有蔥、蒜和元寶蠟燭，是用來敬拜孔聖像和老師用的。媽媽給了老師紅封包，老師也給了我一封紅封包。然後老師用戒尺輕打了我一下作為入學訓示，象徵要我們尊師重道，認真讀書。

開戰期間元朗進入無政府狀態

我小學畢業之後考進了嶺南大學附屬中學，學校位於屯門咖啡灣。從元朗乘車去咖啡灣的車資是一毫。在嶺大附中只讀了三個月就因為日軍攻打香港而停學了。日軍攻打香港那天是1941年12月8日，我們在這天之前已經感到香港氣氛有異。元朗到處多了很多買藥的人，我直覺認為他們是日本的特務。當時形勢很緊張，日本人攻打到寶安縣南頭的時候，深圳和南頭的難民紛紛逃難到元朗。[4] 難民沒有糧食，一直捱餓，境況悽慘。當時學校安排我們到"維持會"做義工，在靠近元朗大馬路的位置派粥給這些難民。"維持會"由元朗街坊和商會合作組成，他們除了煮粥

3　黃子律，生於 1878 年，原籍廣東省寶安縣。曾於清光緒年間先後在縣試、府試和院試名列前茅，有"小三元"的稱號。

4　1938 年 10 月，日軍從大亞灣登陸，寶安縣淪陷，南頭城被日軍放火焚燒。

派給難民吃外，還向他們派發棉被和棉襖，協助他們度過難關。
當時的難民如有親戚在元朗便住親戚家，無親無故的只能露宿街
頭。元朗最多難民的地方是近豬仔亭的谷亭街，難民身故之後，
"維持會"也協助清理屍體。

　　日軍進入香港之後，炸毀了錦田和大欖的橋，又在白花嶺開
了幾槍示警，白花嶺即現時屏山輕鐵站附近的地方。12月8日至
25日期間，元朗好像無政府狀態一樣，賊人乘機搶劫。我家曾經
被搶劫了三次，家門都被打爛了。父親更被賊人強行推下樓梯受
傷，幸好有一位做醫生的親戚替他醫治。當時賊人甚麼都搶，連
春天的種子都搶去了。那些賊人有本地人，也有南頭的難民。當
時有一個大賊叫譚妹，手下有幾百人，他們人多武器多，還有機
關槍和小鋼炮等。他們的巢穴位於流浮山，屏山附近的地方都曾
經被這幫賊人搶劫。

日軍經新界向九龍半島挺進。

12月9日，母親帶着我到親戚家暫住，同行的還有大嫂。我們到了較偏僻的元朗大旗嶺後的客家村暫住，父親則仍然住在家裏。我們家在打仗前儲存了蕃薯、米和一些農作物。日本人來了以後，雖然大部分糧食都被賊人搶

開戰前，元朗一團體為難民而設的施粥處。

走，幸好母親早已用酒缸藏了兩缸白米，我們便吃白米和田裏的蕃薯充饑。當時雖然有"六両四"計劃，我也到過元朗大馬路一間叫"永泰"的店舖輪米，但由於日本人要控制白米的配給，以儲糧發動東南亞戰爭，因此我們很難輪到白米。輪米是有一定程序的：日本人首先將米分給鄉公所，每戶憑糧票拿米，由村長負責派發。糧票則由區役所調查每戶人口，村長統計人口後按戶分發。當時日本人在每戶的外牆釘上門牌，並向居民簽發身份證以確認身份。

元朗的"三、六、九"墟期在日治初期曾經停止運作，[5]後來漸漸恢復買賣，但售賣的糧食較少。大馬路在日治時期較為蕭

---

5 早期新界的商業活動，最主要的是墟期。每到墟期，附近村民會到市集進行買賣。為使商人能在新界各墟期從事商業活動，各墟市有個別的墟期。元朗的墟期是"三、六、九"（即每月的農曆初三、初六、初九、十三、十六、十九、二十三、二十六、二十九）。

條，除日軍巡邏之外，只有少數茶樓和酒家營業。元朗街市很少
有白米出售，大多是售賣雜糧，大馬路附近也有人賣菜、雞鴨
和鬆糕等。有一次我和母親做完買賣之後買了兩塊鬆糕，怎料
我那塊竟然被人搶去。可見當時的糧食實在缺乏，人人餓得面
黃骨瘦，境況十分悽慘。有些人從九龍來元朗擺賣故衣，做完
生意之後也會換一些糧食回去。當時的油鹽很貴，元朗人有時
會走四小時的路程到荃灣海濱曬鹹魚的地方買鹽水回家製鹽，
我也做過這樣的事情。荃灣人會去元朗買糧食，元朗人也會去
荃灣和深水埗購貨回元朗賣。深水埗有糙米賣，但油則很難買
得到。那時候有肥豬肉吃已經很好。日治時期元朗仍然有慶祝
天后誕和打醮的活動。

參與游擊小組，宣揚抗日信念

日治時期，市民歸鄉主要是經陸路進入深圳邊
境。圖為沿廣九鐵路經大埔回鄉的市民。

我在 16 歲時因為父親
病重，為了圓他的心願便結
婚了。當時沒有舉行特別的
結婚儀式，只是殺雞拜神，
一家人聚在一起吃頓飯而
已。我們在元朗生活時，每
逢大時大節還可以吃自己養
的家禽。城市人則很慘，沒
有工作的就得回鄉。一般人

大多回到東莞和惠州等地。日治時期，不少居於市區的市民經過元朗歸鄉。我看見一些白領身無分文，身體撐不下去便死在路上。元朗大馬路就有很多屍體，他們多數是回鄉的人。[6]

淪陷之後，馬路上見不到汽車，只有日軍的軍車。日軍又實行封鎖管制，九龍巴士公司的汽車通通被徵作軍用。路上除了自行車，還有需要幾個人拉動的木頭車。一般情況下，大多數人只能安步當車。

1942年，鐘聲學校的同學游説我參加游擊小組，我當時憎恨日本人，很想加入。母親不想讓我參加，父親卻表示支持，結果一年後我加入了游擊小組。游擊小組的任務主要是宣傳游擊隊抗日的信念和搜集敵軍軍情，呼籲村民愛國並游説他們入隊，不要做亡國奴。我們利用務農之便為小組工作，協助設置交通站，傳遞信息。我記得從事地下工作時，往往在田裏互相交換情報。新界的游擊工作和九龍的情報工作是獨立進行的，我們沒法在事前得到有關九龍的情報，所以盟軍飛機在接近勝利的那段日子轟炸九龍，我們都是事後才知道的。當時地方分區游擊隊之間的高層人員會互相聯絡，如大隊隊長、政委、政治主任便負責各分區的聯絡工作。大隊之後有中隊、區委、武裝隊、游擊之友、兒童團、婦女會和民兵等組織，每個組織也會與游擊隊聯繫。母親和妻子也曾參加婦女會，妻子參加的是屏山婦女會。另外，小姨參

6　日治時期，主要的陸路歸鄉路線是：1) 取道大埔道，通過香港邊境進入深圳。2) 沿青山道，經元朗到達邊境。

加了游擊小組工作，妻子的遠房親戚則參加了大隊的宣傳工作。[7]

1943年，我離開大旗嶺，到屏山從事發展游擊小組的工作，鼓勵青年人參與游擊小組。屏山工作小組的工作很簡單，首先向相識的年青人游說，透過這些青年找出合適的人選參加游擊工作。當時有部分屏山人對游擊隊的工作有少許抗拒，認為游擊隊是紅軍。妻子當時在屏山居住，我便通過她先向熟人宣傳。由相熟的人幫忙做聯絡工作，是為了避免資料泄露，因為游擊小組的成員是有可能被人出賣的，所以要小心選人。後來年青人慢慢被說服，接受了我們，並約有20人參加了游擊小組，我們便在農村組織耕種團，教導他們如何抗日。

發展游擊工作時，我曾經住在岳母的家裏，有時住在山下村。當時與結拜兄弟兼戰友張貞吉參與游擊隊工作時，曾經在八鄉被日軍包圍。游擊隊在元朗工作時，常常碰上驚險的情況，我們只能依靠群眾提供消息，及分散行動避過危險。

參加游擊小組的初期，未"脫產"時便一面耕田，一面為部隊做事，像做兼職一樣。[8]後來"脫產"離家，完全聽部隊指揮，由部隊供給所需。那時部隊每個月的物資供應不定，視乎上級的資源狀況而配給。接近和平時，上級沒有錢和食物接濟我們元朗

7　有關東江縱隊港九獨立大隊歷史，可參考"港九獨立大隊史"編寫組：《港九獨立大隊史》(廣州：廣東人民出版社，1989年)。

8　"脫產"是中國內戰時的術語，意即種地為生的農民，一旦拿起槍桿子，就脫離家庭，脫離社會，脫離生產。現時普遍解釋為脫離直接生產，專門從事行政管理。

中隊，部隊裏人人沒飯吃，連剪頭髮的錢也沒有。我唯有和一些隊員到元朗徵集公糧，並且要求元朗鄉紳供應糧食。我們和鄉紳混熟後，很多人都願意接濟我們，因此解決了糧食的問題。

在這種情況下，我們有時要公開身份，以便和鄉紳開會，洽談減租，幫助農民。1943至1944年間，元朗組織了一個自治協商會，就像現在的政協一樣，由地區人士主持會議，商討及解決地方事務。協商會有會長和秘書長，我也是成員之一。

屏山警署曾經被日軍佔領作為部隊基地；[9]洪水橋也有一個大部隊基地，叫石上部隊，負責管理元朗區。另外，新田牛潭尾也有一支日本部隊。

接近勝利的時候，元朗游擊隊要求日軍交出武器。游擊隊把收回的武器運回內地。戰爭結束後，1945年9月，大家在元朗同樂戲院開慶祝大會。[10]游擊隊和元朗商會又召集各界人士開大會，由各領導出席談論戰時的事跡。

9　屏山警署於1899年興建，現稱為舊屏山警署，是新界現存的戰前警署之一。直至元朗分區警署於1965年成立，舊警署才停止運作。現已被列為三級歷史建築物，並活化為"屏山鄧族文物館暨文物徑訪客中心"。

10　即今青山公路（元朗段）開心廣場。

第三部分

日治時期

新界的政治和經濟

日治時期
新界的政治和經濟[1]

周家建

1. 導言

有關日治時期香港的研究，一向多以香港整體為討論核心，或是以個人經歷為研究中軸，對個別地區發展多無深入的剖析。即使是新界的研究，也多以族群研究為主，特別是對新界的五大族群。對它的經濟發展，亦多以墟市經濟為探討對象，而對其在日治時期的研究，除了抗日活動外，其他領域的也是絕無僅有。

日治時期的新界，它的發展有別於香港島和九龍半島，因為它的經濟基礎，長期以漁、農業為主，個別墟市則成為地區的經濟中心。除九廣鐵路外，新界並沒有其他大型基建設施。因此日

---

1 本文初稿發表於香港大學中文學院、香港歷史博物館、廣州中山大學文學院等機構聯合主辦的"羅香林教授百年誕辰國際學術研討會"（2006 年 11 月 4 日－5 日）。

治政府對新界的管治與香港島和九龍半島有顯著差異。以大埔為例，日治政府仍以該地為新界的管治核心；位於新界西部的元朗，經濟活動很頻繁，而長洲更成為港、澳兩地貿易的中轉站。本文希望藉着對新界個別墟市情況的研究，對日治時期新界政經情況作初步探討，藉以增加對新界日治時期實況的了解。

2. 新界的由來

現存新界的土地在明朝萬曆時期（1572-1620），原屬新安縣的一部分，農業和漁業為當地的經濟基礎。清初的《遷海令》，曾對當地的發展帶來沉重的打擊。直至康熙八年（1669），《遷海令》廢除，該片土地才得以重新發展。十九世紀末，隨着西方列強在中國和鄰近地區展開勢力擴張，英政府向滿清政府提出租九龍半島以北的土地，用以防範法國軍隊從北面向香港進行侵略。因此在 1898 年 6 月 9 日，清政府與英國政府簽訂《展拓香港界址專條》，把九龍界限街以北，至深圳河以南土地，連同附近 233 個島嶼租借給英國，為期 99 年。自此這幅稱為 "新界" 的土地便成了香港歷史發展不可或缺的一部分。[2]

2　劉潤和：《新界簡史》（香港：三聯書店，1999 年），頁 1-11。

3. 戰爭中的新界

　　早在二次大戰爆發前，英軍已在新界各處建築防衞設施。為了鞏固九龍，英軍在新界建築了"醉酒灣防線"，[3]除此之外，英軍在新界各地亦加建防禦工事，山下圍村村民曾德防憶述曾大屋的情況："當時英軍在後山挖戰壕，亦在我們曾大屋前大約一百米築炮台，我們已經知道大事不妙。那時英軍的印度兵還在那裏紮營。"[4]

　　因應戰事的需要，英軍將香港的防衞分成兩大部分，而新界和九龍半島被稱為"九龍・新界步兵旅"（Mainland Infantry Brigade），由拉吉普營（5/7th Rajputs Regiment）的窩利士准將（Brigadier C Wallis）為指揮官。"九龍・新界步兵旅"分成三部分：左面由皇家蘇格蘭營（Royal Scots Regiment）駐守，中部由旁遮普營（2/14th Punjab Regiment）駐守，右面由拉吉普營負責防衞。[5]

　　1941年12月8日早上，日軍空襲啟德機場，12時30分，日軍橫越深圳河，進入新界境內。英軍除了炸毀了部分基建，以阻

3　建於1930年代中葉城門碉堡是整個"醉酒灣防線"重要的一環，內設有觀望台、戰壕和機槍堡，用以防守九龍半島。

4　《曾德防口述歷史訪問》，1995年11月4日。訪問者：周家建，檔號：TTF。香港歷史博物館館藏。

5　The National Archives, United Kingdom: WO172/1692, "History of the part taken by 5th BN 7th Rajputs in the Defence and Fall of Hong Kong against the Imperial Japanese Army, Dec: 8th - 25th, 1941".

撓敵軍進攻外，並沒有進行大規模反抗。開戰的首天，日軍已攻佔新界北部大部分地區。孔嶺村村民曾元帶記述："那天清早，鄰村的一名姓李小童乘巴士往九龍上學，途經沙頭角時，被警察和英軍勸喻回家，他們説日本已發動戰爭。而那巴士亦不再接載乘客。再過一會，英軍便炸了橋樑。"[6]

日軍38師團在12月9日的軍事報告中，節錄了守軍在新界的情況：

> 英軍炮艇在荃灣海面向草山等地進行炮擊。駐守於沙田的守軍向沙田海西面的道路進行射擊，而大圍西面亦圍上鐵絲網。
>
> 上葵涌附近的陣地，到處有據點，並與野戰地相連接，陣前有兩道屋頂形的鐵絲網，並配有士兵，但都有許多死角，在敵前300米，敵即不能發現我軍。目前敵已配備完成，似圖進行相當程度的抵抗。[7]

12月9日晚，日軍向"醉酒灣防線"進行攻擊，由於守軍的兵力薄弱，日軍在10日凌晨成功佔領城門水塘西南方的碉堡陣地，並佔領司令部和俘虜了駐守該陣地的英軍指揮官。隨着"醉酒灣防線"的失守，英軍只能退守九龍半島，駐守在"九龍·新

6　《曾元帶口述歷史訪問》，1996年6月14日。訪問者：高添強、周家建，檔號：TYT。香港歷史博物館館藏。

7　日本防衛廳防衛研究所戰史室著，天津市政協編譯委員會譯：《譯稿香港作戰》（北京：中華書局，1985年），頁99。

界步兵旅"的三營守軍在11日中午接到莫德庇少將 (Major-General
C M Maltby，1891—1980，1941年出任駐港三軍司令) 的指令，
渡海撤退至香港島。進行拖延戰的拉吉普營13日在魔鬼山鯉魚門
海峽完成撤退，整個新界和九龍半島亦開始了其日治時期。

日軍於18日橫渡維多利亞港，展開對香港島的攻擊。英軍在
港島抵抗了八日，於12月25日向日軍投降，到此香港揭開了三
年零八個月日治時期的序幕。

4. 日治時期新界

英治新界前期，發展比較緩慢。主要原因是英政府只視新界
為保衞香港的屏障，並以尊重地方社會結構為理由，只投入少量
資源來發展新界。戰前新界，商業發展多局限於公路及鐵路沿
線，漁農業才是其主要經濟命脈。

早期新界的統治是以理民府長官為首，透過各鄉紳父老來與
鄉民溝通。1926年，在香港總督金文泰 (Sir Cecil Clementi，
1875—1947，1925—1930出任香港總督) 建議下，由新界鄉民
組織的"新界農工商業研究總會"改名為"鄉議局"，扮演了政
府與鄉民的溝通橋樑。

1942年，華僑日報發表訪問文章，報導了新界地區事務所所
長的訪談錄。其間，陳姚琴所長談及鄉議局的情況。

　　　新界原有的鄉議局組織，議員多為當地殷商聞人，他們
對本地社會的應興應革事宜，認識清楚，在過去他們為地方
立下的功勳，這裏人士，是有相當認識，故本所每週星期
三，定為會見鄉議局的會期，聽取他們鄉情報告。[8]

此外，行政方面，新界地區採取了層疊式管理，大埔區長鍾
維在一次訪問中，對新界的行政架構作了詳盡解釋：

　　　行政方面，因為地方散處，為便於推進計，全區分編為
十二鄉七十二村，鄉裏設有鄉長，村長，鄰保班長，一切出
生死亡等申請，都是由鄉公所轉呈，所以行政上也很利便，
地方也很安靖，鄰保區長一共有二百多名，市街佔四分一，
其餘是鄉村，米糧配給待遇也和香港一樣。[9]

4.1 大埔的情況

如英治時期一樣，日治政府仍以大埔為新界的行政中心，日
治時期的大埔區長曾這樣形容大埔："大埔是新界的精華，富庶
雖不及元朗，但位居新界中心，新界地區（事務）所又在這兒設
立，大埔無形是新界行政的中心點了。"[10]事實上，除了新界地
區事務所外，大埔墟內設有多個官方及半官方機構，如新界各區

8　見《華僑日報》，1942 年 8 月 6 日，頁 4，〈陳姚琴所長談新界地區施政方
　　針〉條。

9　見《華僑日報》，1944 年 5 月 12 日，頁 4，〈大埔近貌〉條。

10　見《華僑日報》，1945 年 5 月 19 日，頁 2，〈新界之旅〉條。

區長聯絡所、大埔區役所、香港薪炭需給統制組合、新界地區家
畜組合事務所等（見表一）。而投考新界各區區役所的考生，亦
需往位於大埔的新界區事務所考試。

表一：大埔機構概況

機構名稱	位置
大埔區役所	懷義街
新界地區家畜組合事務所	懷義街
香港薪炭需給統制組合	仁興街
大埔家畜組合支部事務所	仁興街
農牧農藝組合	仁興街
香九勞工協會：人力貨車、三輪車及 單車協會（新界總分部）	靖遠街

資料來源：《亞洲商報》，第四十七期，1944 年 3 月 11 日。

　　1945 年 6 月 2 日的《華僑晚報》對大埔墟的商業活動作出如
下的詳盡描寫：

　　　　大埔墟是新界的中心，車坪是大埔墟的中心。為了交通
　　便利的緣故，墟場上不論過去或現在，都保持着相當熱
　　鬧。從早晨一直到下午，各鄉各村的農產品及一切雜物都
　　運到這裏來銷售。為了這，所以車坪每天都熙熙攘攘底熱

鬧着，雞聲、鴨聲、狗聲、販賣的論價聲、小販的叫賣
聲，總交成一片。[11]

商業運作不可少的"公秤手"制度也在墟市中實行，"公秤
手"為買賣雙方擔任公正人的角色。"公秤手"並非商會委派，
亦非政府委任，而是經過投標方式而產生。上水石湖墟便有10名
"公秤手"，大埔墟每年從"公秤手"投標中便可得到約30萬圓
軍票的收益。而"公秤手"的收益便是從買賣雙方交易中抽取手
續費，大埔墟的訂價為雞鴨每頭收費二至四元，而蔬菜是50斤以
下收二元，50斤以上收四元。[12]

4.2 元朗的商業活動

位於新界西部的元朗，日治時期成為糧食運輸的中轉站，東
莞和寶安等地的農產品，如蔗糖、眉豆、土紅豆等，從水陸兩路
運往元朗，再轉運出市區，因此為配合糧食運輸需要，每天都有
公共汽車來往旺角及元朗。[13]除此之外，亦有一些"水客"從九
龍步行入元朗進行買賣。"水客"的貨品以燃料為主，當他們離
開元朗時，亦會運返一些副食品往九龍出售。[14]因此商業活動仍
能保持一定水平。（見表二）

---

11 見《華僑晚報》，1945年6月2日，頁2，〈大埔墟〉條。
12 同上。
13 見《華僑日報》，1942年6月17日，頁2，〈元朗新姿〉條。
14 《屈超口述歷史訪問》，2000年11月22日。訪問者：周家建，檔號：WCU/
2001/D1。

表二：1943 年元朗商業組織的概況

商業	數量（間）
雜貨店	80 － 90
鮮鹽魚店	75
果子食料店	31
飲食店	27
洋服店	27
旅館	26
米商	23
理髮店	20
紙料商	12
山貨店	10
金屬首飾店	9
木材商	8
酒商	6
押當業	4
茶樓酒家	4
戲院	1

資料來源：《亞洲商報》第三十九期，1943 年 1 月 8 日。

農業方面，日治初期公賣制度已在元朗推行，以區役所為主導單位。而營銷方面，分別由蔬菜荷集組合經營。[15] 為增加生產，九龍農民合作社新界分社，指導農民生產。[16]當時的主要農場有亦園農場、餘園農場、茂園農場、肥園農場、樂園農場、汲水門園、桃園農場和青山農場。[17]

4.3 西貢的社會變遷

相對於新界中部及西部，西貢的發展較為遜色。根據1911年的人口普查，西貢只有人口9,243人，西貢墟則有512人。雖然西貢並沒有完善的公共交通網絡，西貢墟卻有着顯著的發展，主要原因是其位於新界東部交通的中樞。根據香港中文大學東亞研究中心於1980年至1981年進行的《西貢：一九四〇至一九五〇》的口述歷史計劃，[18] 日治前的西貢，主要的交通路線包括：1）經北港、蠔涌及井欄樹出九龍；2）經坑口往筲箕灣。

雖然缺乏地理上的優勢，西貢墟的商業卻有長足發展。1906年，西貢墟已有繁密的商業活動，商舖多集中於西貢大街及西貢

---

15 見《華僑日報》，1942 年 6 月 17 日，頁 2，〈元朗新姿〉條。

16 同上。

17 見《南華日報》，1942 年 7 月 20 日，頁 3，〈元朗農業狀況〉條。

18 關於香港中文大學東亞研究中心於 1980 年至 1981 年進行的〈西貢：一九四〇至一九五〇〉的口述歷史計劃報告，可參考 David Faure, "Saikung, the Making of the District and its Experience during World War II." *Journal of the Hong Kong Branch of the Royal Asiatic Society,* Vol. 22,（1982），pp. 161-216.

正街一帶。[19]除商業外，漁業及農業亦成西貢的主要工業。農業方面，以種植稻米、蕃薯及飼養禽畜為主。1930年代，西貢居民的基本生活並沒有多大改變，仍保持為一個小型的"漁農二元社區"。

1941年末，日軍侵港，18天的香港攻略戰，西貢並沒有太大的正面衝擊。日軍只於12月11日途經西貢墟，但並沒有進入及駐紮。西貢墟及鄰近村落所受到的外來壓力，反是來自鄰近地方的土匪。基於西貢在戰時處於權力真空狀態，盤踞於大鵬灣的土匪，遂肆無忌憚的向村民搶掠。[20]

香港淪陷後，日軍並沒有立刻在西貢成立軍政組織，主要原因是西貢並沒有重要的軍事價值。[21]淪陷初期，西貢墟總商會便成為區內唯一的行政機關，[22]但因缺乏武裝上的支援，總商會不但未能為居民提供有力的保護，位於西貢墟大街34號的會址甚至更被土匪黃竹青焚燬。[23]隨着日治政府推行新的地區行政管理後，總商會的行政職能更被削弱。

---

19 根據西貢墟天后古廟的重修天后元君碑記，四百八十四位善長芳名中，百分之二十四含有商業成份。詳見於科大衞、陸鴻基、吳倫霓霞合編：《香港碑銘彙編》（香港：香港市政局，1986年），頁444-447。

20 新界陷落後，數十股土匪勢力進入西貢地區進行搶掠，其中以黃竹青、何成連、陳秀成及張明仔為最主要勢力。

21 西貢並非位於九廣鐵路沿線，亦沒有主要公路可到達。再者，大鵬灣亦早已在日軍控制範圍內。

22 香港淪陷後，西貢墟總商會改名為西貢維持會。

23 "Saikung, the Making of the District and its Experience during World War II.", pp.188-189.

日治政府在香港淪陷翌年七月，將香港分成三大行政區，即香港、九龍、新界。新界區再分成七個分區區役所，而西貢成為其中一個分區。[24]區役所設於崇真學校，其組織架構亦非常簡單（見表三），而其主要職能以服務社區為主。

表三：1942年的西貢區役所架構圖

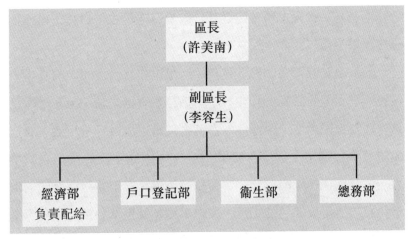

資料來源：科大衛，《西貢：社區的形成及二次大戰的經驗》，頁190。

區役所取代了西貢墟總商會的行政機關角色後，總商會改為負責日軍駐西貢的部隊供應物品。科大衛的《西貢：社區的形成及二次大戰的經驗》中作出解釋說：

> 此時，總商會雖然名亡，但卻仍然繼續運作。它負責替西貢的日本官兵提供日用品。日本官兵會列出物品名單，總

---

24 根據香督令第二十七號〈區之名稱、位置、管轄區域指定〉，西貢區的管轄區域包括：西貢墟、馬鞍山至飛鵝山以東的土地。

商會便會替他們安排運送，結帳。其間，總商會收取費用作
行政開支及商業賠償。此舉可避免日本官兵與西貢商人產生
不必要的磨擦。[25]

日治政府除控制區長及副區長的任命外，區役所職員的聘用
亦受到限制。員工必須參加由新界地區事務所舉行的考試，合格
者才能受聘。除對上層監控之外，政府亦有權委任村長，以便推
行其政策。

除日治政府外，"東江縱隊"的出現亦對西貢鄉民的日常生
活有一定程度的影響。早在日軍全面控制香港之前，東江縱隊已
深入西貢地區建立了根據地。為使鄉民得以維持日常生活，東江
縱隊替鄉民肅清土匪，保障其安全。縱隊亦在西貢發展它的勢
力，對鄉民進行愛國教育，宣傳抗日主張，甚至扮演鄉村間的調
解角色。為解決鄉民的生計，縱隊更發動鄉民開墾荒地，教導鄉
民種植蕃薯。此外，東江縱隊更提供借貸，令鄉民能夠度過財政
難關。《活躍在香江》一書對東江縱隊的借貸作了如此的描寫：

當群眾缺乏豬苗，游擊隊積極想辦法購回豬苗借給群眾
飼養，每頭豬苗十斤的話，豬養大出賣後，再還回游擊隊十
斤豬肉；豬苗若死了，就不用還。群眾種田缺乏穀種，部隊

---

25 "Saikung, the Making of the District and its Experience during World War II.",
   pp.190-191.

又到內地設法弄回一些借給各家各戶，收成後借多少穀種還多少穀。[26]

東江縱隊亦調整了西貢漁業的經營運作模式。戰前，基於漁民的經濟條件差，只能向漁欄借貸購買漁具，漁欄東主便從漁穫中進行剝削。為着解決漁民的生計，東江縱隊作了漁民及漁欄的中介人，為雙方平衡利益。東江縱隊政治委員陳達明對整個事件作了紀錄，他指出：

> 游擊隊大部隊在1942年4月，派了民運幹事方覺魂在西貢墟召集漁民代表會議，請周圍滘西、糧船灣、坑口的漁民代表參加，也請了漁欄老板李生、徐觀生等參加，共同討論改革漁欄制度，實行公平買賣，廢除苛捐雜稅，大家都得到合理的收益。[27]

陳達明更把這種漁業經營運作模式伸展至其他鄰近漁村，如塔門島和吉澳島等。除為鄉民解決糧食問題外，東江縱隊亦對鄉村的政權建設進行改革。1944年末，東江縱隊以陝甘寧邊政權建設為藍本，將根據地分為三區，以聯防會作為地區政權的組織。聯防會的組織非常簡單，以一名會長為領導，下設兩名副會長。另外，還設有書記、軍事委員、經濟及民運委員等。

西貢的糧食供應主要倚靠本地的農作物收成和漁民的魚

26 徐月清編：《活躍在香江》（香港：三聯書店，1993 年），頁 162。
27 陳達明：《香港抗日游擊隊》（香港：環球出版，2000 年），頁 87。

穫。由於農地面積較少，農作物收成極不穩定，西貢亦需倚靠
政府配給的米糧，但這未能解決糧食的缺乏問題。為求進一步
獲得糧食，部分西貢居民只能往返市區以柴木來換取食物，有
個別居民更需依賴雜糧為生。日治政府為求進一步改善西貢的
交通及防衛，在西貢進行了多項工程，這亦給部分西貢居民帶
來額外糧食。

　　日治政府佔領香港後，開始在西貢興建公路連貫牛池灣及西
貢及在主要山嶺上築地道及炮台，[28]因此需要大量勞工，參與建
築工程的工人為此獲配米約四兩。這只能解決部分居民的需要，
為保證糧食供應，部分居民被逼鋌而走險，從中國內地向西貢走
私食物。[29]

4.4 長洲的經濟及政治結構[30]

　　長洲是人口最稠密的一個離島，1943年9月的戶口調查正好
反映了長洲的社會架構（見表四）。

28　見《香島日報》，1942年9月4日，頁4，〈興築西貢馬路〉條。另見高添
　　強：《野外戰地遺跡》（香港：天地圖書，交野公園之友會，2000年），頁
　　48和 "Saikung, the Making of the District and its Experience during World War
　　II.", p.195.

29　"Saikung, the Making of the District and its Experience during World War II.",
　　pp.197-198.

30　長洲位於離島，本歸新界地區事務所管轄。但根據香港佔領地總督部的分區
　　管轄政策，卻把長洲、坪洲、大嶼山歸香港地區事務所管轄。

表四：長洲人口（1943 年 9 月）

	戶口	人口
陸上居民	2030	7541
漁民	1223	14594

資料來源：《華僑日報》，1943 年 9 月 29 日。

4.4.1 地方行政

　　長洲的地理位置正處於粵澳各地航線之間，因此日治政府對島上的治安極為重視。淪陷初期由海軍長洲派遣隊管理，直至 1943 年 5 月 4 日才由日本憲兵派遣隊接管，由仲山德四郎隊長帶領。除常備憲兵外，警隊亦肩負起維持治安的工作。[31]地區自治方面，早在香港投降前，長洲街坊已經成立 "長洲自治維持會"。1943 年 9 月 28 日的《華僑日報》對長洲自治組織的成立作出以下描述：

> 昭和十六年（1941 年）十二月二十三日，岡本挺身隊在岡本隊長領導下，首先在長洲島登陸，立刻召集當地街坊父老，成立「長洲自治維持會」，維持地方秩序及治安，至去年四月十一日從新政改組，成立「長洲自治委員會」，以迄於今，主席為徐珍浦先生。[32]

---

31 見《華僑日報》，1943 年 9 月 28 日，頁 4，〈今日長洲〉條。
32 同上。

日軍接管長洲後，為着鞏固地方的控制權，從台灣調派了兩位華人往長洲，以爭取居民的信任。他們分別是陳振亞和陳水清。陳水清在長洲成立"日語講習所"，而陳振亞更與長洲洲民一同成立漁欄。兩名台灣華人居於長洲，使政府與居民有間接的溝通渠道。陳振亞的福建背景亦使他能與長洲的鶴佬村民打成一片。

除此之外，日治政府亦委派"長洲商會"負責處理本地居民的事務，包括施賑、發放米糧等工作。其間，長洲鄉紳王成業、高華寶等，遠赴香州，購買白米、蕃薯運返長洲，進行賑濟。香港的糧食後期供應不足，長洲的糧食更是缺乏。"長洲商會"決定組織難民團，協助難民返鄉。[33] 由於"長洲商會"被委派處理本地居民事務，其他會所，如東莞會所、北社、惠潮府、新安會所等民間組織，自然轉趨低調，以逃避日人的干預。[34]

4.4.2 漁業、農業及商業活動

自古以來，長洲以漁業為其主要經濟活動，日人佔領香港後，隨即鼓勵香港漁民出海作業。為了進行統營公賣，一如其他香港漁港，長洲亦成立漁業戎克組合，統營長洲的漁業運作。對漁民而言，組合能夠給予他們部分協助，如配給米、鹽和冰塊。至於燃料方面，則由日本水產會社長洲事務所進行配給。漁民近

33《高日明口述歷史訪問》，2001 年 5 月 23 日。訪問者：周家建，檔號：KYM/2001/D1。

34 同上。

岸作業的，並沒有受到日軍的滋擾，但遠洋作業的漁船，不時受到日本海軍的阻撓。[35]與漁業息息相關的造船業，更受到沉重的打擊。相對於戰前的造船業，只有四分之一的造船廠能夠有限度復業，多以修葺漁船為主。[36]日治期間，長洲約有52間魚欄"晒家"，為漁民提供貸款及漁穫運輸。[37]

雖然漁業為長洲的主要活動，但仍有部分鄉民從事耕作。日治時期，長洲農民的生活並沒有受到很大的影響，但他們需要領取證明才可將農產品運往香港出售。日治政府為了控制出入口數量，農產品的出口受到一定限制。如果產量未達到要求或產量過多，農民不但不能將其農產品運往香港，日方並會充公農產品。[38]另外，農產品亦需經香港的批發商作中介人，不得自由買賣。

商業方面，長洲是香港和澳門貨運的中轉站。日治時期，大量水客往返兩地，雖然日治政府嚴禁走私貨品，但是長洲與兩地的商業活動並沒有受到很大的影響。而長洲與鄰近島嶼的聯繫亦非常緊密，事實上，大嶼山及坪洲是非常倚重長洲的食品供應的。高日明憶述：

35《高日明口述歷史訪問》，2001年5月23日。訪問者：周家建，檔號：KYM/ 2001/D1。

36 見《華僑日報》，1943年9月30日，頁4，〈今日長洲〉條。

37 見《華僑日報》，1943年10月6日，頁4，〈今日長洲〉條。

38《高日明口述歷史訪問》，2001年5月23日。訪問者：周家建，檔號：KYM/ 2001/D1。

> 所有坪洲、梅窩、貝澳、石壁、水口、塘福、大浪灣等
> 村落，每一天都有船隻來長洲購買食物……但在日治時期，
> 亦有很多出外謀生的村民返回貝澳，主要原因是農村較少受
> 到日本人的滋擾，而且農村地方的糧食供應較為穩定。有
> 些長洲鄉民亦遷往梅窩及貝澳投靠親戚。[39]

　　還有位於長洲的一家牛皮廠，受戰爭影響而被逼停止生產。
直到1943年，經上海的五二皮革廠與該廠聯合經營後，生產才得
以恢復。[40]至於醬料涼果製造業、鹹菜製造業、蝦糕製造業等傳
統工業，都受到不同程度影響。[41]相對來說，娛樂場事業在長洲
卻非常興旺，使長洲有"小澳門"之稱。煙、賭林立，日治政府
並沒有干預其存在，甚至有些賭場是由日本人開設的，當中以經
營番攤賭博為主。高日明憶述當時的番攤是以人物稱號來代替攤
號：一攤，東條首相；二攤，希特拉；三攤，墨索里尼；四攤，
汪精衛，[42]成了日治時期博彩業的一種特色。

　　由於新界及離島地理及社會結構的獨特性，使其在日治時期
的發展有別於九龍和香港島。更由於新界地區幅員廣闊，加上以
農業生產為基礎，使鄉民得到較充裕的糧食供應。另一方面，日

39《高日明口述歷史訪問》，2001年5月23日。訪問者：周家建，檔號：KYM/
　2001/D1。

40 見《華僑日報》，1943年9月30日，頁4，〈今日長洲〉條。

41《高日明口述歷史訪問》，2001年5月23日。訪問者：周家建，檔號：KYM/
　2001/D1。

42 同上。

治政府以新界地區事務所為首，區長、村長及鄰保班長為輔的領導班子來管理新界，有別於港英時期那種倚重鄉紳父老為中間人的間接管治方法。另外，日治政府以發展漁、農業為名，成立指導社，直接指導生產，實有延誤新界自由發展之嫌。

5. 結語

相對於英國管治新界99年，日佔時期只屬短暫一瞬，但影響之深遠卻不可忽視，其中以政治、經濟、民生最為嚴重。戰前的新界，政府投放的資源非常少，行政管理以理民官（District Officer）為首，並以配合地方的鄉紳力量。商業活動只限於個別發展的墟市，如石湖墟、大埔墟等。農業生產往往成為主要的經濟命脈。

日本在香港採取兩套管治模式，一方面以中央集權制，將行政及立法權收歸中央，總督遂成為當時的政治核心；另一方面成立 "華民代表會" 與 "華民各界協議會"，以表示對華人的重視，盡收粉飾太平之效。日治政府對居於新界的華人之態度，帶有懷柔之意，用以華制華的管理方法。管治方面，設有新界地區事務所，由日本人出任所長。[43] 區政方面，區役所亦在新界設立，一方面可達 "上情下達" 的目的，同時，簡化行政架構。因此，政

---

43 見《華僑日報》，1945 年 5 月 19 日，頁 2，〈新界之旅〉條。

府既可省卻大量行政費用，亦不需擴充公務員架構以促進發展。再者，區役所以收取區費來實行"自負盈虧"政策，也能夠減省中央政府的開支。可見，區政的發展，為日後香港的區議會建構出初步概念。經濟發展方面，除商業活動頻繁外，農業活動亦有所改變。除了日治政府派遣農業專家"指導"農民改善耕作方法外，民間更組織農植生產團體，加入耕作事業。政府以"自給自足"為號召，對農業生產實行干預政策。日治新界在個別地區建立運輸網絡，使地域經濟圈的概念得到發展，令新界成為了"香港佔領地"內的補給中轉站。相比於香港島和九龍半島，日治時期的新界的確具有本身十分獨特的發展歷程。

附錄一

米、油配給年表（1942 年—1944 年）

糧食	日期		價格（每斤）	備註
米	1942 年	3 月 7 日	二十錢	配量六両四錢
		10 月 18 日	三十錢	同上
	1943 年	9 月 1 日	三十七錢	同上
		10 月 21 日	同上	搭配綠豆、白豆、竹豆、生粉。配量維持於六両四錢
		12 月 30 日	七十五錢	恢復全配白米
	1944 年	4 月 14 日		停止配給白米
生油	1942 年	8 月 11 日	一元四十錢	配量一両二錢
		11 月 7 日	一元	改配椰油
	1943 年	3 月		恢復全配生油
		7 月 17 日	三元五十錢	配給混合油（生油與椰油混合）
		8 月 12 日	五元	生油
			三元五十錢	椰油
	1944 年	2 月 22 日	十一元	配給混合油

資料來源：《香島日報》，1944 年 3 月 20 日，頁 4，〈米‧油配給的憶述〉條。

附錄二

1942 年指定糖商名冊

商號	東主	地址
德利	張星雲	皇后大道西 88 號
信和發	李運海	文咸西街 177 號
富昌行	莫汝森	永樂西街 177 號
淇萬興	洪賢良	永樂西街 126 號
榮成利	廖子欣	文咸東街 40 號
亦隆行	崔記多	德輔道西 47 號
光昌行	黃蔚接	永樂街 94 號
品利洋行分局	聲卓	和興西街 8 號
德豐行	吳柏生	文咸西街 21 號
永昌行	李啟輝	德輔道 88 號
裕盛號	陳勝如	西邊街 12 號
通安昌記	吳勇鄉	永樂西街 172 號
順祥	盧木欽	文咸東街 131 號
光利元	王若明	南北行街 143 號
隆昌號	李伯英	高陞街 68 號
德和永	陳冠鄉	高陞街 76 號
利源長	王壽山	高陞街 70 號
勝興行	陳開藻	文咸西街 42 號

商號	東主	地址
泉安	楊錦鎮	德輔道西 88 號
南泰行	湯秉達	文咸西街 48 號
謙隆興記	梁柏林	德輔道西 39 號
忠信	莊成宗	永樂街 227 號
慶昌	李雪亭	文咸西街 83 號
陳萬大	陳子吾	機利文新街 7 號
仁興行	黃翊漢	和興西街 11 號
裕安榮	蔡頭	德輔道西 193 號
林秋桂糖	林秋桂	太子道 244 號
陳德發行	陳照南	德輔道西 32 號
利豐亭	吳鏡堂	文咸西街 64 號
恆豐裕	歐匯川	文咸西街 166 號
源興行	鄭海泉	
榮祥行	李文巽	
合顧	淇祥佩	永吉街 17 號
遠源行	沈朝立	文咸西街 36 號
南信行	劉榮	干諾道西 68 號
源發行	王校源	永樂街 247 號

商號	東主	地址
馬忠記	馬忠凱	德輔道西 66 號
義泰行	劉鑄三	永樂西街 156 號
建源	譚啟康	東亞銀行 5 樓
同昌泰號	莫權	上環街市
大陸公司	沈梓庭	皇后大道西 69 號
聚德隆	黃建德	德輔道西 26 號
仰德	陳舉臣	文咸東街 132 號
同興	陳淑言	永樂西街 126 號
和順行	蔡鄭	文咸東街 107 號
振成棧	盧成助	干諾道西 91 號
敬安莊	李芝安	永樂西街 179 號

資料來源：見《華僑日報》，1942 年 7 月 17 日，頁 2，〈更正米價〉條。

附錄三

1942 年巴士路線表

九龍區	車號	路線	全程車資	服務時間	車輛
	1	尖沙咀碼頭 至九龍城	10 錢	上午 7 時至 下午 10 時	10 輛
	2	尖沙咀碼頭至 深水埗欽州街	10 錢	上午 7 時至 下午 10 時	四輛
	3	尖沙咀碼頭 至荔枝角道	10 錢	上午 7 時至 下午 6 時 30 分	五輛
	4	尖沙咀至 九龍城	10 錢	上午 7 時至 下午 10 時	四輛
	5	旺角至上水	一元	上午 8 時至 下午 4 時	六輛
	6	深圳至沙頭角	40 錢	上午 8 時至 下午 5 時	二輛
香港區	1	尖沙咀碼頭 至香港仔	30 錢	上午 7 時至 下午 9 時 30 分	七輛
	2	尖沙咀碼頭 至大學堂	10 錢	上午 8 時至 下午 10 時	四輛
	3	尖沙咀碼頭 至赤柱	40 錢	上午 8 時至 下午 8 時	一輛

資料來源：《華僑日報》，1942 年 10 月 1 日，頁 4，〈自動車運送客貨，今日行新辦法〉條。

後 記

　　"日治時期的香港"是香港史研究中的一個特別課題，它涵蓋了戰爭史、社會史、經濟史和日本帝國史等範疇。當我們細心閱讀當時的文檔和報刊時，不難發覺只用"生靈塗炭"、"民不聊生"等簡單詞彙來形容這段時期的生活，其實並不能概括日治時期的歷史全貌。

　　英國歷史學家愛德華‧卡爾在《甚麼是歷史》一書中，認為歷史是"過去與現在的對話"。那麼，1941年12月25日至1945年8月30日發生在香港的事端，是一場巧合，還是歷史的重演？

　　本書能在三年內完成，實有賴各受訪者願意接受訪問，令相關的研究能立足於事實的基礎上。我們特此向他們表示由衷的謝忱。劉潤和博士為本書賜序並提供寶貴意見，提高了本書的可讀性，謹此致謝。此外，我們也衷心感謝積極協助我們進行研究的人士和團體，包括陳學霖教授、劉蜀永教授、廖元智先生、高添強先生、馬潔慈女士、馬潔婷女士、黃筱玲女士、陳學良先生、王惠玲女士、盧淑櫻小姐、黃曉恩小姐、鍾婉儀小姐、黃頌恩小姐、徐添福先生、劉致滔先生、章珈洛小姐、梁偉基先生、劉思恩小姐、陳昌裕先生、朱紫陽先生、殷國明先生、錢浩賢先生、任秀雯小姐、梁仲平先生、黃迺錕先生、黃君健先生、鄭慧莊小姐、香港歷史博物館、東華三院文物館、香港醫學博物館學會和加拿大頤康中心。最後，要特別感謝中華書局的賴菊英小姐，本書能夠順利付梓，是與她的熱心支持和精心的編輯加工分不開的。

書中錯漏失誤之處，乃我們學有不逮所致，尚請讀者不吝賜教。

劉智鵬、周家建
2009 年春

參考文獻

歷史檔案

WO172/1692, "History of the part taken by 5th BN 7th Rajputs in the Defence and Fall of Hong Kong against the Imperial Japanese Army, Dec: 8th - 25th, 1941".

藏於英國國家檔案處

A4311/5 69/4, "Fortnightly Intelligence Reports Nos, 15 & 16".

藏於澳大利亞國家檔案處

AWM54 67/5/5 Part 11, "Conditions in Enemy Occupied Territories Summary No. 11".

藏於澳大利亞戰爭博物館

Hong Kong Administration Reports for the year 1937 and 1938.

藏於香港政府刊物

口述歷史資料

陳永嫻（1996 年 5 月 25 日）

陳祖澤（1996 年 8 月 20 日）

陳銳珍（1995 年 7 月 6 日）

曾元帶（1996 年 6 月 14 日）

曾德防（1995 年 11 月 4 日）

楊維德（1995 年 5 月 13 日）

鄭秀鶯（1996 年 4 月 30 日）

羅志傑（1996 年 7 月 27 日）

關肇頤（1995 年 10 月 20 日）

以上各件為香港歷史博物館館藏

吳溢興（2007 年 1 月 3 日）

汪女士（2007 年 5 月 25 日）

馬迺光（2006 年 11 月 17 日）

區巧嬋（2006 年 11 月 16 日）

梁杏寬（2006 年 11 月 18 日）

梁秀蓮（2006 年 11 月 16 日）

郭玉珍（2006 年 11 月 16 日）

陳永嫻（2006 年 10 月 20 日）

陳桃　　（2007 年 1 月 22 日）

麥錫邦（2007 年 2 月 28 日）

馮其祥（2007 年 2 月 10 日）

黃景添（2006 年 12 月 19 日）

葉志堅（2006 年 12 月 29 日）

葉寶珍（2006 年 11 月 16 日）

鄧德明（2006 年 12 月 19 日）

錢福注（2007 年 1 月 11 日）

以上各件為香港嶺南大學香港與華南歷史研究部藏品

屈超　（2000 年 11 月 22 日）

高日明（2001 年 5 月 23 日）

陳醒棠（2006 年 10 月 25 日）

鄭達明（2006 年 12 月 3 日）

以上各件為私人藏品

中文參考書籍

日本防衛廳防衛研究所戰史室著，天津市政協編譯委員會譯：
《譯稿香港作戰》，北京：中華書局，1985 年。

王賡武主編：《香港史新編》，香港：三聯書店，1997 年。

台灣日本綜合研究所：《亞洲人民會審日本殖民主義》，台北
市：文英堂，2008 年。

田川，林平芳編著；陳真主編：《尋找英雄：抗日戰爭之民間調
查》，桂林：廣西師範大學出版社，2006 年。

朱益宜：《關愛華人：瑪利諾修女與香港（1921 — 1969)》，香
港：中華書局，2007 年。

余叔韶著，胡紫棠譯：《與法有緣》，香港：香港大學出版社，
1998 年。

科大衞、陸鴻基、吳倫霓霞合編：《香港碑銘彙編》，香港：香
港市政局，1986 年。

香港佔領地總督部公佈：《香督令特輯》，香港：亞洲商報，
1943 年。

香港油蔴地小輪船有限公司：《香港油蔴地小輪船有限公司五十周

年金禧紀念》，香港：香港油蔴地小輪船有限公司，1973 年。

唐海：《香港淪陷記：十八天的戰爭》，上海：新新出版社，1946 年。

徐月清編：《活躍在香江》，香港：三聯書店，1993 年。

高添強：《野外戰地遺跡》，香港：天地圖書，郊野公園之友會，2000 年。

基督教香港崇真會粉嶺崇謙堂：《基督教香港崇真會粉嶺崇謙堂百周年紀念特刊》，香港：基督教香港崇真會粉嶺崇謙堂，2005 年。

陳君葆：《陳君葆日記全集》，香港：商務印書館，2004 年。

陳達明：《香港抗日游擊隊》，香港：環球出版，2000 年。

港九獨立大隊史編寫組：《港九獨立大隊史》，廣州：廣東人民出版社，1989 年。

聖公會聖馬利亞堂：《聖公會聖馬利亞堂九十周年堂慶特刊，1912 — 2002》，香港：聖公會聖馬利亞堂，2002 年。

聖伯多祿聖保羅堂建堂五十周年紀念：《聖伯多祿聖保羅堂建堂五十周年紀念》，香港：聖伯多祿聖保羅堂，2002 年。

筲箕灣戎克漁業組合：《新香港漁民：筲箕灣戎克漁業組合成立一周年紀念特刊》，香港：筲箕灣戎克漁業組合，1943 年。

劉紹麟：《中華基督教會合一堂史：從一八四三年建基至現代》，香港：中華基督教會合一堂，2003 年。

劉蜀永編：《20 世紀的香港經濟》，香港：三聯書店，2004 年。

劉潤和：《新界簡史》，香港：三聯書店，1999 年。

廣東青運史研究委員會研究室、東縱港九大隊隊史徵編組：《回顧港九大隊》，廣東：廣東青運史研究委員會研究室，1987年。

蔡榮芳：《香港人之香港史，1841—1945》，香港：牛津大學出版社，2001年。

鄭宏泰、黃紹倫：《香港米業史》，香港：三聯書店，2005年。

盧受采、盧冬青：《香港經濟史》，香港：三聯書店，2002年。

錢景威主編：《旅港三水同鄉會金禧紀念特刊》，香港：旅港三水同鄉會，1962年。

鮫島盛隆著，龔書森譯：《香港回想記：日軍佔領下的香港教會》，香港：基督教文藝出版社，1971年。

薩空了：《香港淪陷日記》，香港：進修出版教育社，1946年。

藍如溪、胡美林：《日治下香港的一隅》，香港：伯特利教會，2000年。

關禮雄：《日佔時期的香港》，香港：三聯書店，1993年。

中文論文

陳勝：〈論日本侵粵對廣東經濟之影響〉，載《慶祝抗戰勝利五十周年兩岸學術研討會論文集》，台北：中國近代史學會，聯合報系文化基金會，1996年。

外文書籍

小林英夫、柴田善雅：《日本軍政下の香港》，東京：社會評論社，1996年。

日本防衞廳防衞研究所戰史室著：《香港作戰‧長沙作戰》，東京：朝雲出版社，1971 年。

甘志遠著，蒲豐彥編：《南海の軍閥甘志遠》，東京：凱風社，2000 年。

香港佔領地總督部報導部監修，東洋經濟新報社編：《軍政下の香港：新生した大東亞の中核》，香港：東洋經濟新報社，1944年。

Atkinson , R. L. P. and Williams, A. K., *Hongkong Tramways*, London: The Light Railway Transport League, 1970.

Emerson, Geoffrey Charles, *Hong Kong Internment*, 1942-1945: *Life in the Japanese Civilian Camp in Stanley*, Hong Kong: Hong Kong University Press, 2008.

Greenhous, Brereton, *"C" Force to Hong Kong: A Canadian Catastrophe 1941-1945*, Toronto: Dundurn Press, 1997.

Jarvie, Ian Charles, *Window on Hong Kong: A Sociological Study of the Hong Kong Film Industry and Its Audience*, Hong Kong: Centre of Asian Studies, University of Hong Kong, 1977.

Li, Peter S., *Chinese in Canada*, Toronto, Ont.: Oxford University Press, 1998.

Matthews, Clifford and Cheung, Oswald（ed.）, *Dispersal and Renewal: Hong Kong University during the War Year*, Hong Kong: Hong Kong University Press, 1998.

Middlebrook, Martin and Mahoney, Patrick, *Battleship: The Loss of the Prince of Wales and the Repulse*, London: Penguin Group, 1979.

Paterson, Edward Hamilton, *A hospital for Hong Kong : the centenary history of the Alice Ho Miu Ling Nethersole Hospital*, Hong Kong: Alice Ho Miu Ling Nethersole Hospital, 1987.

Rowland, Charles G., *Long Night's Journey into Day: Prisoners of War in Hong Kong and Japan, 1941-1945*, Waterloo, Ont.: Wilfrid Laurier University Press, 2001.

外語論文

Faure, David "Saikung, the Making of the District and its Experience during World War II." Journal of the Hong Kong Branch of the Royal Asiatic Society, Vol. 22,(1982).

畢業論文

Chow, Ka Kin Kelvin, "Hong Kong and Malaya under the Japanese Occupation 1941-1945", unpublished M.A. dissertation, University of Hong Kong, 1999.

Sham, Wai-chi. "The history of Hongkong and Yaumati Ferry Company Limited, 1923 to the 1970s", unpublished M.Phil. dissertation, Lingnan University, 2007.

報刊

《大眾週報》

《亞洲商報》

《南華日報》

《香島日報》

《香島月報》

《循環日報》

《華僑日報》

《華僑晚報》

Hongkong News

□ 責任編輯：賴菊英

□ 裝幀設計：高 林

吞聲忍語
——日治時期香港人的集體回憶

□
著者
劉智鵬　周家建

□
出版
中華書局（香港）有限公司
香港北角英皇英道 499 號北角工業大廈一樓 B
電話：（852)2137 2338　傳真：（852)2713 8202
電子郵件：info@chunghwabook.com.hk
網址：http://www.chunghwabook.com.hk

□
發行
香港聯合書刊物流有限公司
香港新界大埔汀麗路36號
中華商務印刷大廈3字樓
電話：（852)2150 2100　傳真：（852)2407 3062
電子郵件：info@suplogistics.com.hk

□
印刷
深圳華信圖文印務有限公司
深圳市寶安區觀瀾福民社區茜坑路萬地工業圍 10 棟

□
版次
2009 年 5 月初版
2013 年 6 月再版
© 2009 2013 中華書局（香港）有限公司

□
規格
特 16 開(230 mm×170 mm)

□
ISBN：978-962-8930-68-5